미국 비즈니스계의 거물들

창의성과 도전 정신으로 무장한
미래의 개척자

미국 ③

세계통찰

★ 미국을 만든 사람들 3 ★

미국 비즈니스계의 거물들

창의성과 도전 정신으로 무장한
미래의 개척자

한솔교육연구모임 지음

솔과나무

01

04

디지털 세상을 연
스티브 잡스
Steve Jobs

05

커피잔에 성공을 담은
하워드 슐츠
Howard Schultz

왜 미국을
읽어야 할까요?

〈세계통찰〉 시리즈는 다양한 독자에게 세계를 통찰할 수 있는 지식과 교양을 전해 주고자 합니다. 미국을 시작으로 중국, 일본, 중남미, 유럽, 아시아, 아프리카 등 오대양 육대주의 주요 국가들에 관한 정치, 경제, 역사, 문화 등 다양한 정보를 제공하여 세상이 움직이는 원리를 독자 스스로 알게끔 하고자 합니다.

지구상에 있는 국가들은 별개가 아니라 서로 연결된 유기체입니다. 여러 나라 가운데 〈세계통찰〉 시리즈에서 미국 편 전 16권을 먼저 출간하는 이유는 유기적인 세계에서 미국이 가진 특별한 지위 때문입니다. 19세기까지 세계를 호령하던 대영제국의 패권을 이어받은 미국은 20세기 이후 오늘날까지 세계 유일의 초강대국으로 세계를 이끌고 있습니다. 또한 세계 최강의 경제력을 기반으로 자유시장을 중시하는 자본주의 이념을 전 세계에 전파했습니다. 우리나라를 포함하여 많은 나라가 세계 최대 시장인 미국과의 무역을 통해 가난을 딛고 경제성장을 이룰 수 있었습니다. 애플이나 구글 같은 미국 기업들이 새로운 산업을 일으키면서 미국은 물론, 전 세계에 수많은 일자리와 자본력을 제공했습니다.

　이처럼 전 세계에 커다란 영향을 미치고 있는 미국이라는 나라를 알기 위해 '미국의 대통령'을 시작으로 한 '미국을 만든 사람들' 편을 소개합니다. 대통령제를 기반으로 한 미국식 민주주의는 전 세계로 전파되면서 수많은 국가에 영향을 미치고 있습니다. 제2차 세계대전 이후 독립한 국가들이 대부분 대통령제를 선택하면서 대통령제는 미국을 넘어 많은 국가의 정치체제로 자리 잡았습니다. 도전 정신과 혁신을 바탕으로 미국 경제를 세계 최강으로 만든 '기업인들' 역시 우리에게 많은 교훈을 줍니다. 세계인의 감성과 지성을 자극하고 있는 '예술인과 지식인'도 이야기의 대상입니다. '사회 문화' 편에서는 미국의 문화를 통해 미국만이 가진 특성을 살펴봅니다. 창의와 자유를 존중하는 사회 분위기는 할리우드 영화, 청바지, 콜라 등 미국만의 문화를 탄생시켰고 이는 전 세계로 확산되어 지구촌의 문화로 자리 잡았습니다. 이제 미국의 문화는 미국인만 누리는 것이 아니라 세계인이 함께 공유하는 것이 되었습니다. '산업' 편에서는 정보통신, 우주 항공, 에너지, 유통 등 미국의 주력 산업을 통해 오늘날 미국이 세계경제를 주무르고 있는 비결과 미래에도 미국이 변함없이 강력한 영향력을 행사할 수 있는 이유에 대해 알아봅니다.

　'전쟁' 편에서는 미국이 참전한 전쟁을 통해 전쟁이 미국은 물론 세계에 미친 영향에 대해 살펴봅니다. 미국은 전쟁으로 독립을 쟁취했을 뿐만 아니라 세계를 움직일 수 있는 새로운 질서를 만들어 냈습니다. 다시 말해 전쟁은 미국이 세계를 뜻대로 움직이는 도구였습니다.

이처럼 미국의 정치, 경제, 문화 등 각 분야는 20세기 이후 지구촌에 막대한 영향을 미치고 있기에 미국에 관한 지식이 없으면 세계를 제대로 이해할 수 없습니다. 미국을 제대로 알게 된다면 세상이 돌아가는 힘의 원리를 더 잘 알 수 있습니다. 〈세계통찰〉 시리즈 미국 편은 '미국을 만든 사람들' 전 6권, '세계의 중심이 된 미국의 문화와 산업' 전 6권, '전쟁으로 일어선 미국' 전 4권으로 되어 있습니다. 이렇게 총 16권의 인물, 사회·문화, 산업, 전쟁 등 주요 분야를 다루면서 단편적인 지식의 나열이 아니라 미국의 진면목, 나아가 세계의 흐름을 알 수 있도록 했습니다. 적지 않은 분량이지만 정치, 경제, 문화사에 남을 인물들과 역사에 기록될 사건을 중심으로 다양한 예화와 사례를 들어가면서 쉽고 재미있게 썼습니다. 처음부터 끝까지 차분히 읽다 보면 누구나 미국과 세계의 과거와 현재, 미래를 명확하게 들여다볼 수 있는 통찰력을 가질 수 있을 것입니다.

세계를 한눈에 꿰뚫어 보는 〈세계통찰〉 시리즈! 길고도 흥미진진한 이 여행에서 처음 만나게 될 나라는 미국입니다. 두근거리는 마음으로 함께 출발해 봅시다!

한솔 (한솔교육연구모임 대표)

세상의 변화를 읽고,
앞을 내다보는 힘

미래학자 엘빈 토플러는 "한국 학생들은 하루 10시간 이상을 학교와 학원에서 자신들이 살아갈 미래에 필요하지 않을 지식을 배우고, 존재하지 않을 직업을 위해 아까운 시간을 허비하고 있다."라고 했습니다. 그렇다면 우리는 무엇을 배우고, 생각해야 할까요? 수년 안에 지구촌은 큰 위기를 맞이할 가능성이 큽니다. 위기는 역사적으로 늘 존재했지만, 앞으로 닥칠 상황은 미국과 중국의 패권 전쟁의 상황에서 과거와는 차원이 다른 큰 변화가 일어날 것입니다. 2018년 기준 중국은 미국의 66% 수준의 경제력을 보입니다. 구매력 기준 GDP는 중국이 이미 2014년 1위에 올라섰습니다. 세계 최강의 지위를 위협받은 미국은 트럼프 집권 이후 중국에 무역 전쟁이란 이름으로 공격을 시작했습니다. 미국과 중국의 무역 전쟁은 단순히 무역 문제로만은 볼 수 없는 정치, 사회, 경제, 문화가 엮여 있는 총체적 전쟁입니다. 미국과 중국의 앞날을 예측하기 위해서는 경제 분야 외에, 정치, 사회, 문화 등을 통합적으로 볼 수 있어야 합니다. 역사는 리듬에 따라 움직입니다. 현재와 비슷한 문제가 과거에 어떤 식으로 일어났는지를 알면 미래를 읽는 통찰력이 생깁니다. 지나온 역사를 통해 세상의 변화를 읽고 앞을 내다보는 힘을 길러야 합니다. 역사를 통해서 남들이 보지 못하는 곳을 보고, 다른 사람과 다르게 생각하는 힘을 길러야 합니다.

〈세계통찰〉은 이러한 필요에 따라 세계 주요 국가의 역사, 경제, 사회, 문화 등 다양한 주제를 통해 세계를 이해하는 안목을 심어 주고자 쓰인 책입니다. 솔과나무 출판사는 오대양 육대주에 걸쳐 있는 중요한 나라를 대부분 다루는 계획 아래 먼저 미국과 중국에 대한 책을 출간할 계획입니다. 이는 오늘날 미국과 중국이 정치, 경제, 문화 등 모든 분야를 선도하며 전 세계에 막대한 영향을 미치고 있는 초강대국이기 때문입니다. 〈세계통찰〉 시리즈는 미국과 중국 세계 양강 대결의 상황에서 미·중 전쟁의 미래를 예측할 수 있는 훌륭한 나침반이 될 수 있을 것입니다.

특히 미국은 정치, 경제, 문화 등 어느 분야로 보아도 세계인의 관심을 가장 많이 받는 나라입니다. 〈세계통찰〉 시리즈 '미국'은 정치, 경제, 사회, 문화 모든 분야에 걸쳐서 시간과 공간을 넘나들며 현재의 미국을 이해할 수 있게 만든 획기적인 시리즈입니다. 인물, 산업, 문화, 전쟁 등의 키워드로 살펴보면서 미국의 역사와 문화, 각국과의 상호관계를 파악할 수 있는 지식과 읽을거리를 제공합니다. 인물과 사건을 중심으로 이야기를 이어가고 그 과정에서 우리가 오늘날 세상을 살아갈 때 활용할 수 있는 지혜를 담고 있습니다. 단순히 사실 나열에 그치지 않고, 왜 그렇게 되었는지, 그 뒤에는 어떻게 되었는지, 과정과 흐름 속에서 숨은 의미를 찾아냄으로써 유연하고 창의적인 생각을 할 수 있도록 자극합니다. 무엇보다 〈세계통찰〉 시리즈에는 많은 이들의 실패와 성공의 경험이 담겨 있습니다. 앞서 걸은 이들의 발자취를 통해서만 우리는 세상을 보는 통찰력을 키울 수 있다는 사실을 기억했으면 합니다. 미국을 자세히 들여다보면 지구촌 사람들의 모습을 다 알 수 있다고도 합니다. 세계를 이끌어가는 미국을 이해한다는 것은 단순히 한 나라를 아는 것이 아니라 세계를 이해하는 것이기 때문에 〈세계통찰〉 시리즈 미국 편을 통해 모두가 미국에 대해 입체적이고 통합적으로 살펴볼 수 있는 기회를 얻기를 바랍니다.

곽석희(청운대학교 융합경영학부 교수)

〈세계통찰〉 시리즈에
부쳐

4차 산업혁명 시대를 맞이하는 청소년에게 꼭 필요한 지혜

4차 산업혁명 시대에는 나라 사이의 언어적, 지리적 장벽이 허물어집니다. 견고한 벽이 무너지는 대신 개인과 개인을 잇는 촘촘한 연결망이 더욱 진화합니다. 이제 우리는 다양한 문화적 배경을 가진 친구와 이전과는 완전히 다른 방법으로 우정을 나눌 수 있습니다. 낯선 언어는 더는 장애가 되지 않습니다. 스마트폰의 번역 프로그램을 이용하면 내가 할 말을 실시간으로 전달할 수 있고 상대방의 말뜻을 이해할 수도 있습니다. 또 초고속 무선 통신망을 이용해 교류하는 동안 지식이 풍부해져서 앞으로 내가 나아갈 길을 설계하는 데 큰 도움이 됩니다.

저는 오랫동안 현장에서 청소년을 만나며 교육의 방향성을 고민해 왔습니다. 초 단위로 변하는 세상을 바라보면 속도에 대한 가르침을 줘야 할 것 같고, 구글 등 인터넷상에 넘쳐 나는 정보를 보면 그것에 대한 양적인 교육이 필요할 것 같았습니다. 긴 고민 끝에 저는 시대가 변해도 퇴색하지 않는 보편적 가치와 철학을 청소년에게 심어 줘야겠다는 결론을 내렸습니다.

4차 산업혁명 시대에는 인공 지능과 인간이 공존합니다. 최첨단 과학이 일상이 되는 세상에서 75억 지구인이 조화롭게 살아가려면 인간 중심의 교육이 필요합니다. 인문학적 지식과 소양을 통해 인간을 더욱 이해하고 이롭게 만드는 시각을 갖춰야 합니다. 〈세계통찰〉 시리즈는 미래를 이끌어 나갈 청소년을 위한 지식뿐 아니라 그 지식을 응용하여 삶에 적용해 볼 수 있는 지혜까지 제공하는 지식 정보 교양서입니다.

청소년이 이 책을 반드시 접해야 하는 이유

첫째, 사고의 틀을 확대해 주는 책입니다.

〈세계통찰〉 시리즈는 정치, 경제, 사회, 문화, 무역, 외교, 전쟁, 인물에 이르기까지 하나의 국가가 국가로서 존재하고 영유하는 모든 것을 다루고 있습니다. 한 국가를 이야기할 때 경제나 사회의 영역을 충분히 이해했다 해도 '이 나라는 이런 나라다.' 하고 한마디로 정의하기는 어렵습니다. 인물이나 역사적 사건과 같은 눈에 보이는 사실과 이념, 사고, 철학과 같은 눈에 보이지 않는 특성까지 좀 더 유기적이고 종합적인 사고를 해야 한 나라를 이해하고 정의할 수 있을 것입니다. 이 책을 통해 합리적이고 논리적으로 사고하는 습관을 자연스

럽게 기를 수 있습니다.

둘째, 글로벌 리더를 위한 최적의 교양서입니다.

4차 산업혁명 시대라 하더라도 모든 나라가 해체되는 것은 아닙니다. 세계화 속도가 점점 가속화되는 글로벌 시대에 꼭 필요한 소양은 역설적이게도 각 나라에 대한 수준 높은 정보입니다. 일반적으로 알려진 상식의 폭을 확대할 수 있어야 합니다. 미국과 중국의 무역 분쟁이나 우리나라와 일본의 갈등에서도 볼 수 있듯 세계 곳곳에는 국가 사이의 특수한 사정과 역사로 인해 각종 사건과 사고가 터져 나오고 있습니다. 한 국가의 성장과 번영은 자국의 힘과 노력만으로는 가능하지 않습니다. 가깝고 먼 나라와의 유기적인 관계 속에서 평화를 지키고 때로는 힘을 겨루면서 이루어지는 것입니다. 한편 G1, G2라 불리는 경제 대국, 유럽 연합EU이나 아세안ASEAN 같은 정부 단위 협력 기구 사이에 일어나는 상호 이해관계도 중요해지고 있습니다. 〈세계통찰〉 시리즈는 미국, 중국, 일본, 아세안, 유럽 연합, 중남미 등 지구촌 모든 대륙과 주요 국가를 공부하는 데 반드시 필요한 영역을 씨실과 날실로 엮어서 구성하고 있습니다.

마지막으로 〈세계통찰〉 시리즈는 글쓰기, 토론, 자기 주도 학습, 공동 학습에 최적화된 가이드 북입니다.

저는 30년 이상 교육 현장에 있으면서 토론, 그중에서도 대립 토론debating 수업을 강조해 왔습니다. 학생 스스로 자료를 찾고 분류하며 자신만의 생각을 정리하고 발표하는 방식입니다. 이때 다른 사람의 생각을 경청하고 공감하는 학생일수록 주도적이고도 창의적인 인재로 성장하는 것을 보았습니다. 〈세계통찰〉 시리즈가 보여주는 형식과 내용은 학생과 교사 모두에게 긍정적인 영향을 줄 것이라고 확신합니다.

　가까운 미래에 글로벌 리더로서 우뚝 설 우리 청소년에게 힘찬 응원의 메시지를 보냅니다.

박보영(교육학 박사, 박보영 토론학교 교장, 한국대립토론협회 부회장)

Elon Musk

미래를 설계하는 기업가

일론 머스크

꿈을 실현시키는 몽상가 (1971~) •
인터넷, 소프트웨어, 전기자동차, 하이퍼루프, 우주선 등 다양한 분야에서 세
상을 바꿔놓았다. 전기자동차 회사인 테슬라와 민간 우주 항공 기업 스페이
스엑스의 CEO로 활동하고 있으며, 화성에 인간이 거주할 수 있는 식민지
를 개척하는 데 전력을 기울이고 있다. 2013년 미국의 경제 전문지인 《포춘
Fortune》은 다양한 분야에서 큰 혁신을 이룬 공로로 일론 머스크를 '가장 위
대한 경영자'로 선정했다.

따돌림당한 학창 시절

남아프리카공화국은 아프리카 대륙 남단에 있는 나라로 대서양과 인도양이 교차하는 지역에 있습니다. 이곳은 오랜 세월 동안 흑인 원주민들의 삶의 터전이었습니다. 하지만 17세기부터 지리적인 중요성을 알아본 유럽인이 이곳으로 대거 이주하면서 격랑의 세월을 맞이하게 되었습니다.

남아프리카공화국은 동양과 무역을 하기 위해 유럽에서 출발한 배들이 반드시 거쳐야 하는 곳으로서, 해외무역에 사활을 걸고 있던 네덜란드와 영국 간의 각축장이 되었습니다. 게다가 여느 아프리카 국가와는 달리 무덥지 않고 온화해서 유럽인들이 거주하기에 불편함이 없었습니다. 쾌적한 기후와 아름다운 자연환경을 가진 남아프리카공화국이 알려지자 이곳에 매력을 느낀 유럽인들이 차츰 모여들었

남아프리카공화국

아프리카 남단에 위치한 남아프리카공화국

어린 시절의 일론 머스크

고, 세월이 흐를수록 더 많은 사람들이 뿌리내리기 시작했습니다.

남아프리카공화국 개척 초기에는 네덜란드인들이 주도권을 장악했지만, 19세기 중반에 이르러 국력이 일취월장한 영국이 네덜란드와의 식민지 쟁탈 전쟁에서 승리를 거두면서 영국 땅이 되었습니다. 운 좋게도 이곳에서 다이아몬드와 금이 쏟아져 나오자, 수많은 영국인이 성공의 꿈을 품고 건너와 정착했습니다. 이후 남아프리카공화국은 아프리카에서 유일하게 백인 인구 비율이 10%를 넘어서면서 아프리카의 유럽이 되었습니다.

1971년, 일론 머스크Elon Musk는 남아프리카공화국의 행정수도 프리토리아Pretoria에서 부유한 영국계 엔지니어 출신 아버지와 캐나다계 유명모델 출신 어머니 사이에서 태어났습니다. 한 번 본 것은 좀처럼 잊지 않을 정도로 기억력이 좋은 그는 어릴 적부터 독서에 심취했습니다. 친구들과 노는 대신 종일 집에 틀어박혀 다양한 종류의 책을 읽었습니다. 특히 공상과학 소설에 매료되어 시간 가는 줄 모른 채 독서삼매에 빠지곤 했습니다.

머스크는 최고의 두뇌를 가진 천재였지만 남아프리카공화국의 교육 시스템은 그를 성장시켜 주기는커녕 괴롭게 만들었습니다. 지적 호기심이 가득했던 그는 초등학교에 입학하자마자 수많은 질문을 던졌지만, 친절히 대답해 주는 교사가 아무도 없었습니다. 교사 대부분이 시간을 보내고 월급만 타면 된다는 생각을 하고 있었고, 상습적으로 결근할 정도로 학생들을 돌보는 일에 관심이 없었습니다.

여러 가지 질문을 해오는 머스크가 마음에 들지 않았던 교사가 머스크를 싫어하고 계속 혼내자 학생들도 덩달아 그를 미워했습니다. 머스크는 학교 내에서 왕따가 되어 급우들의 괴롭힘에 시달렸습니다. 급우들은 교사의 묵인 아래 머스크를 상대로 심각한 폭력을 가했습니다. 집단구타를 일상적으로 당하던 머스크가 도움을 요청했지만, 선생님은 별다른 조치를 하지 않았습니다.

하루는 급우들이 머스크를 높은 계단 꼭대기로 끌고 올라가 마구 폭행한 후 계단 아래로 밀어 버렸습니다. 높은 계단에서 굴러떨어진 머스크는 크게 다쳐 일주일 동안 혼수상태에 빠지기도 했습니다. 이런 일이 반복되며 어린 머스크를 괴롭혔지만 학교와 교사의 무관심 속에 바뀌는 것은 아무것도 없었습니다. 외톨이가 된 머스크는 책에서 위로를 얻으며 힘겨운 학창 생활을 견뎌냈습니다.

인류의 미래를 설계하는 대학생

일론 머스크는 초등학교에 들어가자마자 어른들도 읽기 힘든 컴퓨터에 관한 책을 두루 섭렵하며 당시 가정에 보급되기 시작한 컴퓨터 세계에 빠져들었습니다. 12세가 되었을 때 컴퓨터 프로그램을 만들기 시작, 재미있는 컴퓨터용 우주전투 게임 '블래스타Blastar'를 개발했습니다.

게임 '블래스타'가 전망 있다고 생각한 머스크는 아버지에게 학교 인근에 게임방을 차려 달라고 졸랐지만 뜻을 이루기는커녕 야단만 맞았습니다. 그는 자신이 개발한 게임을 한 컴퓨터 잡지사에 500달러를 받고 넘겼습니다. 1980년대 초반 500달러는 세계적인 대기업에 근무하는 직원의 한 달 급여에 해당하는 큰돈이었습니다.

1988년 고등학교를 졸업한 머스크는 검은 대륙을 떠나기로 했습니다. 당시 남아프리카공화국의 성인 남성은 의무적으로 군대에 가야 했기 때문에 머스크는 군에 입대하는 대신 미국행을 선택하려고 했습니다. 하지만 미국이 개발도상국에 지나지 않는 남아프리카공화국 사람을 받아 주지 않자, 어머니의 나라인 캐나다로 발길을 돌렸습니다. 일단 캐나다 국적을 얻으면 미국으로 가는 것은 그다지 어렵지 않기 때문에 우회로를 선택한 것입니다.

캐나다에 정착한 머스크는 킹스턴에 있는 퀸스Queen's 대학교에 입학해 새로운 생활을 시작했습니다. 그는 대학 생활을 하면서도 외톨이로 지냈습니다. 수업에 출석하는 대신 도서관에 앉아 책을 읽었고, 강의실은 시험을 볼 때만 들어갔습니다.

1992년, 머스크는 미국 펜실베이니아 대학으로 편입하면서 드디어 자신이 원하던 미국 생활을 시작했습니다. 그는 세계 최고 수준의 교육 시스템을 갖추고 있는 미국에 가서 비로소 재능을 활짝 펼 수 있었습니다. 펜실베이니아 대학에서 물리학을 전공해 뛰어난 학업능

캐나다의 퀸스 대학교

력을 보여준 그는 대학 생활 내내 앞으로 인류의 미래에 무엇이 중대한 영향을 미칠지에 대해 깊이 고민했습니다. 그리고 해결책을 찾았습니다.

머스크는 인류가 존속하기 위해 지속 가능한 에너지와 교통수단이 필요하다고 생각했습니다. 그리고 갑작스럽게 지구의 멸망이 찾아올 수도 있으므로 미리 화성을 개척해야 한다고 판단했습니다. 이를 위해서는 태양에너지를 적극적으로 활용해야 하고, 혁신적인 교통수단을 도입해야 하며, 지금보다 더 나은 로켓기술을 개발해야 한다는 소신을 갖게 되었습니다. 이 같은 머스크의 생각은 어쩌면 공상에 가까울 수도 있었으나, 그는 자신이 언젠가 이 모든 일을 반드시 해내리라고 확신했습니다.

1995년, 머스크는 더 많은 지식을 쌓기 위해 미국의 명문 스탠퍼드대학교 대학원에 장학금을 받고 입학했습니다. 그런데 남들은 들어가지 못해 안달인 이 학교를 이틀 만에 그만두었습니다. 막상 입학해 보니 대학원 교육이 자신의 꿈을 실현하는 데 별 도움이 되지 않는다고 판단했기 때문입니다.

머스크는 수중에 2천 달러밖에 없는 상태에서 정보통신 분야의 메카인 실리콘밸리로 향했습니다. 1990년대 중반은 인터넷이 막 보급되기 시작하던 때로서 당시 인터넷의 중요성을 알아본 사람은 그리 많지 않았습니다. 원하는 일을 이루기 위해 종잣돈이 필요했던 머스크는 인터넷 사업에 뛰어들었습니다. 벤처회사 '집투Zip2'를 차린 후 인터넷상에 전화번호부 서비스를 제공했습니다. 머스크 덕분에 사람들은 미국 내 모든 기업의 전화번호와 주소를 인터넷으로 쉽게 알 수 있었습니다.

1999년, 머스크는 3억 달러에 자신이 만든 회사 '집투Zip2'를 매각하면서 스물아홉 살 나이에 자산가가 되었습니다. 이후 곧바로 또 다른 벤처기업 '엑스닷컴'을 세워 돈벌이에 나섰습니다. 엑스닷컴은 온라인 결제서비스를 제공하는 업체로, 굳이 은행에 가지 않더라도 인터넷에서 손쉽게 상품 대금을 결제할 수 있도록 했습니다.

오늘날에는 인터넷으로 상거래를 하는 것이 대수롭지 않지만, 당시만 하더라도 은행에 가야 금융거래를 할 수 있는 시대였기 때문에 머스크의 온라인 결제서비스는 획기적인 일이었습니다. 미국의 많은 대기업이 '온라인 결제'라는 새로운 영역을 개척한 머스크에게 기술

을 팔 것을 제안했습니다. 결
국 2002년 인터넷 쇼핑몰 회
사 이베이eBay에 16억 달러에
달하는 큰돈을 받고 '엑스닷

컴'을 넘겼습니다. 이로써 머스크는 31세에 억만장자 반열에 오르면
서 미국 국적도 취득했습니다.

미국 우주 산업의 현실

1957년 소련이 인류 최초로 인공위성을 발사한 이후 우주는 미국
과 소련의 각축장이 되었습니다. 소련보다 우주개발에 한발 뒤졌던
미국은 소련을 앞서기 위해 천문학적인 돈과 국력을 쏟아부어, 1969
년 달에 최초로 인간을 보내는 데 성공했습니다.

그로부터 사회주의 소련이 붕괴하기 전인 1980년대까지 양국은
우주를 선점하기 위해 치열한 경쟁을 펼쳤지만, 1990년대 들어 분위
기가 바뀌기 시작했습니다. 자본주의와 사회주의의 체제 경쟁에서
패배한 소련이 역사의 뒤안길로 사라지면서 미국은 더는 우주에 집
착할 필요가 없었습니다.

1980년대까지만 하더라도 우주개발은 과학자들의 지적 호기심을
만족시켜 주는데 그쳤을 뿐, 투자한 금액에 비해 얻을 수 있는 경제
적 효과는 크지 않았습니다. 미국이 자랑하는 우주왕복선을 한 번 띄
우려면 4억 달러가 넘는 엄청난 돈이 들었을 정도로 우주산업은 고

비용 저효율 산업이었습니다.

　1990년대 들어 우주산업이 돈 먹는 하마 취급을 받게 되면서 미국도 우주개발을 담당하는 NASA미국 항공우주국의 조직과 예산을 대폭 줄이는 등 소홀히 하기 시작했습니다. 미국의 우주공학 기술이 정체하고 있는 동안 유럽이나 일본, 중국, 러시아 등 다른 나라들은 지속적으로 인공위성을 우주 공간에 올려놓는 발사체 기술을 발전시켰습니다.

　21세기 들어 통신 산업이 빠른 속도로 발전하면서 각 나라 통신 회사들이 앞다퉈 우주 상공에 통신위성을 쏘아 올렸습니다. 다른 나라들이 부단한 기술혁신을 통해 미국보다 훨씬 저렴한 비용으로 인공위성을 띄울 수 있게 되면서 미국의 우주산업은 긴 침체기를 맞았습니다. 심지어 미국 기업이나 정부도 인공위성 발사를 자국보다 비용이 훨씬 적게 드는 러시아 발사체에 의존했을 정도였습니다. 이처럼

미국 항공우주국 NASA

과거 우주개발을 주도했던 미국의 영광이 온데간데없이 사라지면서 미국 내에서 우려의 목소리가 흘러나왔습니다.

스페이스엑스의 도전

인터넷 사업으로 큰돈을 벌어들인 머스크는 자신의 원대한 포부를 이루기 위해 나섰습니다. 화성에 도시를 건설하려는 계획으로 2002년에 '스페이스엑스SpaceX'라는 우주선 제작업체를 설립했습니다. 그가 화성에 식민지를 건설하겠다고 나섰을 때 많은 사람이 비웃었습니다. 그도 그럴 것이 우주산업은 개인이 도전하기에는 너무나 많은 비용을 부담해야 하는 분야이기 때문입니다. 하지만 물리학을 공부한 머스크는 뛰어난 우주선 개발에 자신감이 있었습니다. 효율적인

일론 머스크가 창업한 스페이스엑스

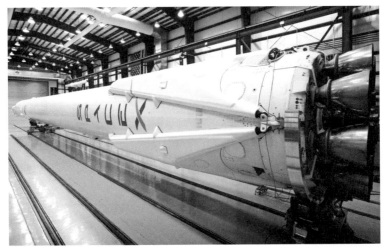

로켓 제작 중인 스페이스엑스

우주선을 제작하는 것을 자신의 사명으로 여겨 수억 달러의 돈을 쏟아부었습니다.

　머스크는 신형 우주선 개발에 돌입하면서 로켓에서 가장 많은 자금과 기술이 들어가는 부분인 1단 로켓*의 재활용에 승부수를 띄웠습니다. 1단 로켓은 발사체를 대기권 밖으로 보내는 제일 중요한 부분으로서 가격이 최소 수천만 달러에 달해 발사체 전체 중 가장 비쌉니다. 그런데 이렇게 값비싼 1단 로켓은 발사체를 대기권 밖으로 보낸 후 다시 대기권에 진입하는 과정에서 흔적도 없이 타버리거나 바다 혹은 땅에 떨어져 부서지고 말았습니다. 공기저항으로 받는 엄청난 열 때문이었습니다.

이처럼 발사체에서 가장 비싼 부분을 일회용으로 사용하는 까닭에 우주로 나가려면 엄청난 대가를 지불해야 했습니다. 만약 1단 로켓을 재활용할 수 있다면 로켓 발사비용을 최대 10분의 1로 낮출 수 있습니다. 머스크의 계획대로 된다면 그동안 뒤처져 있던 미국의 우주공학 기술력을 단번에 최고로 끌어올릴 수 있지만, 재활용 기술 개발은 쉬운 일이 아니었습니다. 세계 각국이 지난 수십 년 동안 1단 로켓을 회수하기 위해 노력했지만 기술적인 한계를 뛰어넘지 못해 실패하고 말았습니다.

머스크는 지금껏 아무도 성공하지 못한 '1단 로켓의 재활용'이라는 일에 나섰지만 제대로 된 발사체를 만드는 일조차 쉽지 않았습니다. 그가 설계한 발사체는 대기권을 벗어나지 못한 채 잇따라 폭발했습니다. 그때마다 천문학적인 금액이 허공에서 사라졌습니다. 계속

---

* 로켓은 대개 여러 개의 단이 연결된 다단 구성으로, 각 단은 엔진을 가지고 있어서 자체적으로 기능할 수 있다.

되는 발사 실패로 파산 위기에 몰렸을 때, 그동안 스페이스엑스의 힘겨운 생존 투쟁을 지켜보던 NASA가 도움의 손길을 내밀었습니다.

사실 발사체 등 우주선을 개발하는 것은 천문학적인 돈이 들어갈 뿐 아니라, 엄청난 시행착오 기간이 필요합니다. 미국 정부도 1969년 인간을 달에 보내기 위해서 막대한 돈을 우주선 개발에 투입했고 수많은 시행착오를 겪었습니다. 그런데 NASA도 엄두를 내지 못한 사업에 머스크가 도전한 것입니다. 화성에 8만 명 이상의 사람들이 살 수 있는 도시를 건설하려는 머스크의 도전에 미국 정부는 힘을 실어주었습니다.

2008년, 미국 정부는 머스크가 파산하지 않고 미국을 대표하는 민간 항공 우주기업으로 성장할 수 있도록 기술과 자금 지원을 결정했습니다. 2006년 8월에도 정부는 머스크에게 28억 달러의 자금을 지원해 준 적이 있습니다. 우주에 만든 국제우주정거장*에 스페이스엑스가 화물을 운송하는 계약이었습니다. 2008년 9월, 마침내 스페이스엑스의 발사체가 대기권을 벗어나 우주 궤도에 진입하는 데 성공했습니다. 그 순간 머스크는 감격에 겨워 상기된 얼굴로 "오늘은 내 평생에 가장 위대한 날이다."라고 외쳤습니다.

2010년, 미국 제44대 대통령 버락 오바마는 앞으로 진행될 신형 유인 우주선 개발도 NASA가 아닌 민간 기업에 맡기겠다고 선언해

---

* 다국적 우주정거장. 우주 연구 및 실험, 비행사 교대 등을 위한 곳으로 장거리 우주 탐사를 위한 전초기지이다.

스페이스엑스에 힘을 실어 주었습니다. 2012년 5월 스페이스엑스는 국제우주정거장에 화물을 보내는 데 성공하면서 정부와 맺은 계약을 모두 이행했습니다. 이로써 스페이스엑스는 미국 최초의 우주 택배 회사가 되었습니다.

1단 로켓 재활용 성공

로켓 개발에 성공하자 머스크는 1단 로켓의 재활용 방법을 찾기 위해 힘을 모았습니다. 우주에서 분리된 1단 로켓은 비스듬하게 누운 상태로 포물선을 그리며 떨어지는 동안 엄청난 속력에 의해 대기 중에서 산화됩니다. 그렇기 때문에 이를 온전한 상태로 회수한다는 것은 불가능에 가까웠습니다. 만약 1단 로켓을 회수하려면 비스듬히 누운 로켓을 똑바로 세워 출발할 때와 같은 상태로 착륙시켜야 했습니다.

그런데 머스크는 우주 공간에 떠도는 수십 톤의 로켓을 육지도 아닌 바다에 떠 있는 배 위에 착륙시키는 극한의 도전에 나서면서 주변 사람들을 깜짝 놀라게 했습니다. 그가 바다에 로켓을 착륙시키려고 한 데에는 나름대로 이유가 있었습니다. 로켓은 대부분 육지에서 바다 쪽을 향해 발사됩니다. 엄청나게 많은 연료를 싣고 우주를 향해 나는 로켓이 사고로 폭발하거나 추락할 경우에도 사람들에게 피해를 주지 않기 위해서입니다. 따라서 안전성과 비용절감 측면에서 볼 때 육지보다는 바다에서 로켓을 회수하는 것이 훨씬 나은 선택이었습니다.

1단 로켓이 있는 수백 킬로미터 상공에서 내려다보면 바다 위의 배는 하나의 작은 점에 지나지 않습니다. 게다가 조류의 흐름과 파도에 의해 계속 움직이는 배 위에 로켓을 착륙시키려면 엄청난 고난도 기술이 필요합니다. 그러나 출렁이는 배 위에 수십 톤의 물체를 내려놓는 기술개발에 앞장선 머스크는 문제점을 하나씩 해결해 나갔습니다.

　　하지만 막상 네 차례의 실전 테스트에서 연거푸 실패하자, 사람들은 인간의 힘으로는 도저히 이룰 수 없는 일이라고 생각했습니다. 그런데도 머스크는 포기하지 않고 다섯 번째 도전에 나섰습니다.

　　2016년 4월 8일, 미국 플로리다주에 있는 공군기지에서 발사된 스페이스엑스 발사체는 소형 위성 11개를 우주 궤도에 무사히 올려놓았습니다. 그리고는 비스듬한 상태로 속도를 조절해 가며 공중 낙하하기 시작했습니다. 얼마 후 스페이스엑스의 과학기술자들은 1단 로켓의 엔진을 다시 작동시켜 그 추진력을 이용해 로켓을 수직으로 세우기 시작했습니다. 스페이스엑스의 극한 기술력이 숨어 있었던 1단 로켓은 꼿꼿이 선 상태로 대서양에 있는 배 위에 무사히 착륙했습니다.

　　배 위에 머스크가 적어 넣은 '나는 너를 여전히 사랑한단다.Of Course I Still Love You'라는 글귀가 사람들의 시선을 사로잡았습니다. 높이 90m의 거대한 스페이스엑스의 로켓이 사뿐히 내려앉는 순간 인류의 우주공학 기술은 비약적 도약을 했습니다. 이제 1단 로켓을 재활용하는 기술을 갖게 되면서 그동안 막대한 발사비용 때문에 할 수 없었던 수많

우선 육지 착륙부터 성공시킨 스페이스엑스의 1단 로켓

바다 위에 안착한 1단 로켓

은 일들이 가능하게 되었습니다.

이를테면 저렴한 비용으로 더 많은 통신위성을 띄워 통신 사각지대를 없앨 수 있게 되었습니다. 또 상업적인 우주여행도 더 빨리 시작할 수 있게 되었습니다. 머스크 덕분에 미국은 그동안 부진하던 우주산업에서 단번에 앞서가며 다시 주도권을 잡을 수 있게 되었습니다. 머스크는 이에 만족하지 않고 2030년까지는 화성에 사람이 살 수 있는 식민지를 개척하겠다고 말하고 있으며, 자신은 화성에서 생을 마감하는 첫 번째 지구인이 되고자 합니다.

전기자동차의 혁신

19세기 말 미국에 산업혁명이 본격화되면서 거대한 공장을 유지하기 위해 전기에너지가 필요했습니다. 수많은 기계를 효율적으로 돌리기 위해서는 나무나 석탄의 힘이 아닌 전기의 힘이 요구되었습니다. 이에 따라 발명에 재능이 있는 사람들은 전기를 개발하는 데 인생을 걸었습니다. 당대 최고의 발명왕이라고 불리던 토머스 에디슨 역시 전기의 중요성을 간파해 직류전기* 개발에 착수했지만, 좀처럼 눈에 보이는 성과를 올리지 못했습니다.

이때 혜성처럼 등장한 크로아티아 출신의 공학자 니콜라 테슬라

---

* 한 방향으로만 흐르는 전기를 뜻하며, 시간에 따라서 전류의 크기가 바뀌지 않는다. 송전손실이 커서 멀리 보낼 수 없다.

Nikola Tesla는 에디슨의 직류전기보다 훨씬 효율적인 교류전기*를 들고 나왔습니다. 그러나 막강한 힘을 가지고 있던 에디슨의 견제를 받게 된 니콜라 테슬라는 결국 그가 가지고 있던 기술을 제대로 활용하지 못한 채 1943년 쓸쓸히 눈을 감았습니다.

니콜라 테슬라

니콜라 테슬라는 오늘날 우리가 널리 사용하고 있는 교류전기뿐 아니라 무선통신기술, 레이더, 수직이착륙 비행기 등 당시 사람들은 생각지도 못한 엄청난 기술을 착안해 낸, 시대를 앞서간 천재였습니다. 하지만 안타깝게도 동유럽 이민자 출신이었기 때문에 에디슨에 비해 미국에서 별로 주목받지 못했습니다.

2004년, 평소 천재 과학자 니콜라 테슬라를 존경하던 머스크는 그의 이름을 본떠 자신이 설립한 전기자동차 회사 이름을 '테슬라Tesla'라고 정했습니다. 그는 지구온난화를 막고 대기오염을 줄이기 위해 화석연료를 사용하는 자동차 대신 100% 전기의 힘으로 움직이는 전기차가 필요하다고 판단했습니다.

---

* 시간에 따라 흐르는 방향이 바뀌는 전기를 뜻하며, 전류의 크기가 변화하므로 송전손실이 적고 멀리까지 보낼 수 있다.

전기자동차는 머스크가 처음으로 고안한 것이 아닙니다. 19세기 말 화석연료 차량이 등장했을 때와 비슷한 시기에 이미 모습을 드러냈습니다. 하지만 1920년대 텍사스에서 대규모 유전이 발견되면서 석유 가격이 저렴해진 데다가 자동차왕 헨리 포드Henry Ford가 컨베이어벨트 시스템을 이용해 화석연료 차량을 대량으로 생산, 값싸게 공급하면서 전기자동차는 차츰 자취를 감추었습니다.

경유나 휘발유 같은 화석에너지를 사용하는 기존 차량과 달리 전기자동차는 이산화탄소 등 인체에 유해한 배기가스를 전혀 배출하지 않습니다. 이와 같이 친환경 차량이라는 장점을 가졌음에도 불구하고 전기자동차는 지금까지 한 번도 시장에서 두각을 나타내지 못하고 장난감 취급을 받아왔습니다.

환경에 관심이 부쩍 늘어난 최근까지도 전기자동차가 소비자들로부터 외면을 받는 이유는 바로 지나치게 긴 충전시간과 짧은 주행거리때문입니다. 머스크가 테슬라를 설립할 때만 하더라도 시중에 나와 있는 전기자동차는 10시간을 충전해야 겨우 100km 남짓 달릴 수 있었습니다. 이로 인해 전기자동차의 활용가치가 매우 떨어졌고, 장거리 운행은 꿈도 꾸지 못했습니다.

테슬라는 천덕꾸러기 취급을 받고 있던 기존 전기자동차의 경쟁력을 키우기 위해 기술혁신에 나섰습니다. 우선 전기자동차의 약점을 해결하기 위해 리튬이온 전지를 기존보다 효율적인 방식으로 사용했습니다. 기존에 판매되던 전기자동차는 큼지막한 리튬전지를 트렁크와 뒷좌석에 배치해 뒷좌석의 탑승 공간이 좁아져 불편했습니다. 또

전기차에 수천 개가 들어가는
리튬 배터리

리튬 배터리를 차량 바닥에 장착하는 전기자동차

화석연료 차량의 차체를 전기자동차에도 그대로 활용했기 때문에 효율적이지 못했습니다.

테슬라는 처음부터 전기 전용 자동차를 디자인해 리튬전지를 차량 바닥에 배치했습니다. 배터리로는 가격이 저렴하고 안전성이 충분히 검증된 노트북 컴퓨터용 리튬전지를 활용했습니다. 노트북용 소형 리튬전지 수천 개를 연결해 차량 바닥에 설치하자 넓은 실내 공간을 확보할 수 있었고, 동시에 차량의 무게 중심이 아래쪽에 형성되면서 주행 시 안정된 승차감을 주었습니다.

또 기존 전기자동차가 가지고 있던 최대 약점인 짧은 주행거리 문제를 해결했습니다. 테슬라의 전기자동차는 한 번 충전하면 400km

이상 달릴 수 있을 정도로 효율적이었으며, 이는 화석연료 차량의 성능과 다를 바 없었습니다. 또 고속충전 기술을 개발해 종일 걸리던 충전시간을 1시간 내외로 줄여 큰 불편 없이 이용할 수 있게 했습니다. 테슬라는 미국 전역에 무료 충전소를 세워 자사 전기차를 소유한 사람들이 전기료 부담 없이 운행할 수 있도록 도왔습니다.

머스크가 전기차를 보급하기 위해 기존 문제점을 해결했지만 사업은 고전을 면치 못했습니다. 기존 전기차가 장난감에 불과하다는 이미지를 없애기 위해 10만 달러 넘는 고급 스포츠카를 제작한 것이 화근이었습니다. 테슬라가 시장에 내놓은 스포츠카는 시속 300km를 넘을 정도로 빨라서 기존 전기차가 가진 느리다는 이미지를 단번에 극복했습니다. 하지만 가격이 너무 비싸 극소수의 부유층이 아니면

전기자동차 무료 충전소

도저히 구입할 수 없었습니다. 이로 인해 막대하게 들어간 개발비를 회수할 수 없었던 테슬라는 파산 위기에 몰렸습니다.

머스크는 회사를 살리려고 전 재산을 쏟아부었지만 밑 빠진 독에 물 붓기나 다름없었습니다. 테슬라가 현금이 부족해지면서 유동성 위기*에 몰리자 〈월스트리트저널〉 같은 미국의 저명한 경제 신문들이 '머스크는 결국 깡통을 차게 될 것'이라는 부정적인 기사를 쏟아내기에 이르렀습니다.

2008년 엎친 데 덮친 격으로 미국발 금융 위기가 전 세계를 휩쓸자, 더는 은행에서 돈을 빌릴 수 없었습니다. 머스크는 할 수 없이 363명의 직원 중 87명을 내보내며 살아남기 위해 발버둥 쳤습니다. 그래도 악화된 경영난은 좀처럼 나아지지 않았습니다.

---

* 기업이 당장 사용할 수 있는 현금이 부족해서 생겨나는 위기. 기업의 전체 보유자산과는 무관하다.

다행히 오바마 정부가 구원의 손길을 내밀어 4억 달러가 넘는 돈을 빌려준 덕분에 테슬라는 파산 위기에서 벗어날 수 있었습니다. 평소 오바마 대통령은 환경보호에 관심이 있었을 뿐 아니라, 잃어버린 미국의 제조업 경쟁력을 회복하기 위해 꾸준한 노력을 기울여 왔습니다. 그는 친환경 전기자동차 분야에서 압도적인 기술력을 확보한 테슬라가 살아남아 유럽이나 일본의 자동차 회사에 밀려 경쟁력을 잃어버린 미국의 자동차 산업을 이끌어 주기를 바랐습니다.

테슬라가 개발한 전기자동차는 미국 교통안전국이 실시한 안전성 평가에서 사상 최고 점수를 받았습니다. 미국의 비영리기관인 소비자협회에서 발간한 월간지 〈컨슈머 리포트Consumer Reports〉의 평가에서 100점 만점에 99점을 받으며 '최고의 차'에 선정될 정도로 엄청난 성능을 갖고 있었습니다.

머스크는 최고 성능의 전기자동차를 개발하는 과정에서 축적된 기술력을 바탕으로 '모델 S'를 만들어 시장에 내놓았습니다. '모델 S'는 멋진 외관에 강력한 힘을 가진 승용차로 이전보다 훨씬 저렴한 가격으로 공급된 고급 전기차였습니다. 신차가 날개 돋친 듯 팔려 나가면서 테슬라는 위기를 극복하고 4년 만에 정부에서 빌린 돈을 모두 갚았습니다.

2014년 머스크는 "전기자동차의 보급을 확대하기 위해 테슬라가 확보한 모든 특허를 누구나 무료로 사용할 수 있도록 하겠다."라고 선언해 신선한 충격을 주었습니다. 자신의 전 재산을 쏟아부어 개발했고, 재산가치만 해도 수십억 달러에 달하는 핵심기술을 누구나 이용할 수 있도록 한 것은 드문 일이었기 때문입니다.

보급형 전기차 '모델 3' 출시

2016년, 머스크는 저렴하면서도 뛰어난 성능을 가진 보급형 전기자동차 '모델 3'을 공개하면서 다시 한번 세상을 들뜨게 했습니다. '모델 3'은 기존 화석연료 차량과 엇비슷한 가격에 테슬라가 가지고 있는 첨단기술을 집약시킨 전기자동차입니다.

약 3만 5천 달러 정도의 저렴한 가격에 '모델 3'을 내놓자 불과 일주일 만에 32만 5천 대의 선주문이 들어왔습니다. 그 결과 테슬라는 엄청난 판매고를 올리며 무려 12억 달러에 이르는 매출을 올렸습니다. '모델 3'은 지구상에 존재한 모든 제품 중 단기간에 가장 많은 예약 매출을 올린 제품이 되었습니다. 전기자동차가 특별한 사람만이 아니라 누구나 이용할 수 있는 제품이 될 수 있다는 가능성을 사람들에게 보여주었습니다.

하지만 휘발유나 경유자동차를 만들던 기존 업체들은 테슬라의 도전에 부정적인 시선을 보냈습니다. 폭스바겐이나 도요타, GM 같은 기존의 강자들은 매년 1,000만대 가량의 자동차를 만들어 내면서 대량생산 노하우를 갖고 있었습니다. 그러나 테슬라는 연간 수만 대를 생산할 뿐이라서 노하우가 없었습니다. 수십만 대의 선주문을 받았음에도 불구하고 테슬라는 '모델 3'을 대량생산할 수 없을 것이라고 기존 업체들은 전망했습니다. 자연히 고객들의 예약이 줄줄이 취소

전기자동차의 대중화 시대를 연 테슬라 자동차

되면서 망할 수밖에 없을 거라고 판단했습니다.

그동안 휘발유차와 경유차를 만드는 데 시간과 돈을 쏟아부었던 기존 업체들은 테슬라의 성공을 바라지 않았습니다. 자동차의 주도권이 전기차로 넘어가면 전기차를 연구개발하고 생산하는 데 또다시 천문학적인 돈을 들여야 했기 때문입니다. 하지만 머스크는 "무슨 수를 써서라도 '모델 3'을 대량생산해 고객들을 실망시키지 않는다."라고 단언하며 자신감을 보였습니다.

위기를 극복한 테슬라

머스크는 그동안 손대는 사업마다 큰 성과를 올리며 사람들의 칭송을 받아왔지만 2018년에 큰 어려움을 겪었습니다. 테슬라가 개발

한 전기차의 자율주행 기능에 문제가 생기면서 사고가 잇따라 발생한 것입니다. 자율주행 기능으로 달리던 자동차가 크고 작은 문제를 일으키자 테슬라의 전기자동차 소유자들은 언제 발생할지 모르는 사고에 대한 공포에 시달려야 했습니다.

엎친 데 덮친 격으로 테슬라를 반석 위에 올려 줄 것으로 기대했던 '모델 3'이 생산에 차질을 빚으면서 회사는 존폐 위기에 몰렸습니다. 머스크는 '모델 3'을 출시하면서 생산 효율성을 극대화하기 위해 완전 자동화를 추진했습니다. 로봇이 자동차를 생산하면 사람이 만들 때보다 불량률도 줄어들고 24시간 동안 생산할 수 있다고 판단했던 것입니다.

물론 기존의 자동차 업체들도 로봇을 투입하지만 사람이 감당하기 힘든 작업에만 사용할 뿐, 완전 자동화를 이룬 업체는 한 군데도 없는 상황이었습니다. 그러나 세상에 불가능이란 없다고 믿는 머스크는 수많은 로봇이 각각의 기능을 수행한다 해도 정교한 프로그램으로 완벽히 통제만 하면 문제없으리라 판단했습니다.

2016년 머스크는 '모델 3'을 출시하면서 주당 5,000대 이상을 생산하겠다고 약속했지만 2017년이 다 지나도록 생산은 지지부진했습니다. 머스크의 말을 믿고 '모델 3'을 예약한 구매자들은 1년이 지나도록 차량을 받지 못하자 예약을 잇달아 취소했습니다.

로봇으로 생산한 '모델 3'은 품질도 좋지 않아 불량품이 쏟아졌습니다. 결국 '모델3'을 제대로 생산하지 못한 테슬라는 적자에 허덕이며 또다시 생존에 위협을 받게 되었습니다. 머지않아 테슬라가 파산할 것이라는 소문이 뉴욕의 증권가에서 돌자 주주들은 머스크를 강하게 압박했습니다. 일부 주주들은 그를 두고 '공상과학 영화에서나 나올 법한 허풍을 떨며 투자금을 끌어모으는 사기꾼'이라는 극단적인 표현도 서슴지 않았습니다. 그동안 '혁신의 아이콘'이라 불리며 추앙받던 머스크는 비난이 쏟아지자 엄청난 스트레스에 시달려야 했습니다.

2018년 8월, 주주들의 압박을 견디다 못한 머스크는 트위터에 '테슬라를 뉴욕증시에서 상장 폐지하고 싶다.'라는 글을 남겼습니다. 뉴욕증시에 상장된 회사는 정부 당국의 감독을 받을 뿐만 아니라 주주들의 간섭에 시달리기 때문입니다. 주주들의 가장 큰 요구는 회사의 이익을 늘려 주가를 끌어올리라는 것이었는데, 이는 장기적인 안목을 가지고 첨단 기술개발을 통해 테슬라를 최고의 기술기업으로 만들려는 머스크의 생각과는 달랐습니다.

머스크는 트위터에 올린 자신의 글로 인해 곤욕을 치러야 했습니다. 원래 상장기업의 경영자는 주주와 회사에 영향을 줄 만한 사항을 반드시 증권거래소에 공개적으로 밝힐 의무가 있습니다. 즉 공시를 통해 자기 뜻을 밝혀야 함에도 트위터에 글을 올렸기 때문에 문제가 되었습니다.

미국 증권거래위원회SEC는 머스크의 행동을 문제 삼아 그를 연방법원에 제소했습니다. 설상가상으로 테슬라의 주주들마저 고소하면서 그는 위기를 맞았습니다. 머스크는 이사회 의장직에서 물러나고 거액의 벌금을 낸 후에야 겨우 살아남았습니다.

테슬라가 머지않아 망할 것이라는 흉흉한 소문이 도는 가운데 머스크는 '모델 3' 대량생산의 마지막 승부수를 던졌습니다. 그는 축구 경기장 두 배만 한 땅에 초대형 텐트로 임시공장을 만든 다음 400여 명의 노동자를 투입해 밤낮으로 '모델3'을 만들었습니다.

완전 자동화를 꿈꾸던 머스크에게 사람의 손으로 '모델 3'을 만드는 일은 내키지 않았지만, 주당 5,000대 이상을 생산하겠다고 한 주주들과의 약속을 지키기 위해서는 어쩔 수 없는 선택이었습니다. 테슬라의 종업원들은 주문량을 소화하기 위해 밤낮으로 일해 2018년 3분기에 주당 5,500여 대를 생산하며 세상을 깜짝 놀라게 했습니다. 생산량뿐만 아니라 3억 달러가 넘는 이익이 발생했는데 이는 만년

적자에 허덕이던 테슬라에 기적과도 같은 일이었습니다.

테슬라가 놀라운 반전을 거두자 머스크에 대한 부정적인 평가는 순식간에 사라지고 찬양하는 분위기로 바뀌었습니다. 주당 5,000대 이상의 '모델 3'을 생산할 경우 1년에 26만 대 이상 생산할 수 있습니다. 테슬라가 군소 전기차업체에 머무르지 않고 주류 자동차 업체로 올라설 수 있는 발판이 마련되는 것입니다. 그리고 생산량이 늘수록 생산원가도 낮아져 안정적인 이익을 얻을 수 있으므로 생존은 물론 지속적인 성장까지 가능해집니다.

태양에너지 시대를 선도하는 '솔라시티'

지구에 도달하는 태양에너지의 양은 18만 테라와트Terawatt가 넘습니다. 이 가운데 30%가 대기권에서 반사되기 때문에 실제 지표면에 도달하는 태양에너지의 양은 12만 6천 테라와트 정도입니다. 만약 지표면에 닿은 태양광을 전기로 바꿀 수만 있다면 불과 1시간의 일사량만으로도 전 인류가 1년 동안 소비하는 에너지를 공급할 수 있습니다.

태양에너지를 이용해 전기를 생산하는 태양광발전은 1950년대에 첫선을 보였을 정도로 오래된 기술이지만, 그동안 화석에너지에 밀려 빛을 보지 못하고 있다가 21세기에 접어들어 존재감이 커지고 있습니다. 석유나 석탄 같은 화석에너지는 쓰면 쓸수록 매장량이 줄어들고 지구온난화를 일으키는 주범이 되지만 태양광은 고갈 걱정 없

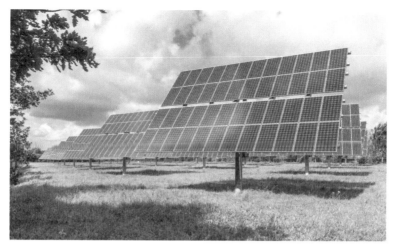

지속가능하고 청정한 에너지를 생산하는 태양전지판

이 사용할 수 있는 무한 에너지입니다. 또 오염물질을 배출하지 않는 친환경 에너지이기도 합니다.

풍력에너지나 수력에너지 역시 친환경 에너지이지만 태양에너지에 비하면 부족한 점이 많습니다. 위도에 따라 다소간의 차이가 있지만 해가 뜨고 질 때까지 일정한 시간 동안 이용할 수 있는 태양광에 비해 풍력이나 수력은 사용에 제한이 따릅니다. 발전기를 돌릴 수 있을 만큼 바람이 불지 않거나 물이 흐르지 않으면 제대로 활용할 수 없기 때문입니다.

석유나 석탄을 원료로 하는 화력발전소는 오염물질 배출 문제와 비싼 땅값을 이유로 대부분 최대 전력 소비지인 도시와 멀리 떨어진 곳에 있습니다. 이 때문에 발전소에서 생산된 전기가 소비자에게 전달되는 동안 사라지는 송전손실문제에서 자유롭지 못합니다. 그렇지만 태양광발전은 누구나 남는 공간에 태양전지판을 설치하여 바로 전기를 만들어 쓸 수 있기에 송전손실이 발생하지 않습니다.

2006년 7월, 머스크는 태양광발전에 초점을 맞춰 '솔라시티_{SolarCity}'를 설립했습니다. 그는 태양광발전이 지구온난화의 주범인 화석에너지를 대체할 수 있으며 지속 가능한 청정에너지라는 점에 주목했습니다. 솔라시티의 운영방식은 독특했습니다. 당시 미국인들은 태양광발전에 관심이 있어도 태양전지판을 설치하는 데 들어가는 초기비용 때문에 실제로 설치하는 사람이 많지 않았습니다. 이 점을 간파한 머스크는 소비자에게 솔라시티가 개발한 태양전지판을 무료로 설치해 주고 20년에 걸쳐 이용요금을 받으면서 이익을 얻는 방법을 고안했습니다.

이를테면 한 달에 전기요금이 15만 원 정도 나오는 가정에 태양전지판을 설치하면 전기요금이 5만 원 정도로 줄어들어 매달 10만 원가량을 아낄 수 있습니다. 절약되는 전기요금 10만 원 중 5만 원을 솔라시티에 태양전지판 이용료로 내면 소비자는 매달 5만 원씩, 일 년에 60만 원을 절약할 수 있습니다. 계약 기간이 20년 이상이기에 소비자는 최종적으로 1,200만 원가량 이득을 볼 수 있으며, 솔라시티 역시 태양전지판 원가를 회수하는 순간부터 이익을 낼 수 있습니다. 이처럼 머스크가 고안한 태양광발전 사업은 소비자와 생산자 모두에게 이익이 되는 윈-윈 효과가 있어, 시작하자마자 많은 사람의 사랑을 받았습니다.

태양전지판은 마모나 파손 가능성이 적고 일단 설치한 후에는 손볼 일도 거의 없기 때문에 솔라시티는 앉은 자리에서 돈을 벌 수 있는 구조였습니다. 또 머스크는 태양전지판 사용을 확산하는 일이 전기자동차 보급에도 도움이 될 것이라고 계산했습니다. 집집마다 태양광발전으로 충분한 전기를 생산하면 집에서 편안하게 전기차를 충전할 수 있게 되고, 이는 전기자동차 보급에 큰 도움이 되리라고 판단했습니다.

지금까지는 테슬라의 전기자동차 소유자들이 테슬라가 만든 충전소에서 공짜로 충전해도 문제가 없었습니다. 하지만 전기차가 늘어나면 충전소를 대폭 늘리지 않고서는 해결책이 없습니다. 이는 회사에 막대한 재정적 부담이 되는 일로서 지속해서 할 수 있는 일이 아닙니다. 따라서 머스크는 전기자동차 보급이 폭발적으로 늘어날 경우에 대비해 태양전지판 보급에 나선 것입니다.

꿈의 교통수단, 하이퍼루프

2012년 머스크는 "비행기보다 두 배 빠른 초고속 캡슐 하이퍼루프 Hyperloop를 만들겠다."라고 선언했습니다. 만약 일반인이 이런 주장을 했으면 허무맹랑한 소리라고 비웃음을 샀을 테지만, 머스크의 말이었기에 상황이 달라졌습니다. 그동안 황당한 아이디어를 현실로 만들어 온 머스크의 주장에 사람들은 귀를 기울였습니다.

하이퍼루프란 간단히 말해 진공터널 안에서 열차를 총알 쏘듯이 발사하는 것을 의미합니다. 우선 거대한 터널을 만든 후 그 속에 있는 공기를 빼내어 진공상태로 만듭니다. 공기가 있으면 저항을 받아 속도가 느려지고 열이 발행하지만, 공기만 없으면 무엇이든 매우 빠른 속도로 이동할 수 있습니다. 완벽한 진공상태인 우주 공간을 날아가는 우주선은 최소동력을 이용해 시속 50,000km를 낼 수 있습니다. 그러나 공기로 가득한 지구에서는 소리의 속도인 음속으로 날기도 벅찹니다. 게다가 어떤 물체든지 시속 1,224km에 해당하는 음속을 돌파할 경우 공기를 찢는 듯한 극심한 소음인 소닉붐sonic boom이 발생해 듣는 사람들을 괴롭게 만듭니다. 따라서 전투기를 제외한 거의 모든 여객기는 소닉붐 현상을 막기 위해 음속 이하로만 비행해서 그만큼 속도가 느릴 수밖에 없습니다.

머스크의 주장대로 공기를 뺀 진공터널을 만들 수 있다면 소닉붐 현상도 공기저항도 없어 마치 우주 공간처럼 적은 동력으로도 빨리 이동할 수 있습니다. 지금까지 많은 사람들이 진공터널을 구상했지만 현실로 만들지 못했는데, 머스크가 사상 최초로 진공터널 기술을 개발하여 교통수단의 새로운 장이 열리게 되었습니다.

머스크는 진공터널 안에 자기부상* 캡슐을 넣어 시속 1,200km 이상으로 날아가는 모델을 설계했습니다. 열차 바닥과 터널 바닥을 모

* 자석과 전류의 힘으로 물체를 띄우는 것.

물체가 음속을 돌파할 때 발생하는 소음, 소닉붐

두 자석의 같은 극으로 만들면 서로 밀어내는 힘이 생겨 살짝 뜰 수 있습니다. 이렇듯 터널에 닿지 않게 열차를 띄우면 마찰력을 피할 수 있기에 훨씬 빠른 속도를 낼 수 있습니다.

캡슐 앞쪽의 바닥에 끌어당기는 힘의 자기장을 만들고 캡슐 뒤쪽 바닥에는 밀어내는 힘의 자기장을 만들면 캡슐은 앞으로 나가게 됩니다. 그리고 자기장의 흐름을 조절하면 30톤 넘는 캡슐이 1분 이내에 시속 1,200km 이상의 속도를 낼 수 있게 됩니다. 멈출 때는 터널 바닥에 흐르는 자기장을 출발할 때와 반대로 바꿔 주면 됩니다. 캡슐 앞쪽 바닥에 밀어내는 힘을, 뒤쪽 바닥에 끌어당기는 힘을 만들어 주면 캡슐은 멈추게 됩니다.

진공터널을 지나가는 동안 캡슐은 공기 마찰도 없이 바닥 위에 떠서 다니기 때문에 승객들은 흔들림이나 소음을 거의 느낄 수 없을 정도로 쾌적한 여행을 즐길 수 있습니다.

2016년 머스크는 미국 네바다주 사막에 시험용 하이퍼루프를 만들어 자신의 주장이 허무맹랑한 소리가 아님을 입증했습니다. 그는 하이퍼루프를 친환경적인 교통수단으로 만들기 위해 운행에 필요한 전기를 모두 태양광 에너지로 조달하려고 계획하고 있습니다.

최신형 보잉 787 비행기가 시속 950km밖에 날지 못하는 현실에 비추어 볼 때, 시속 1,200km 이상의 속도를 낼 수 있는 하이퍼루프는 교통수단의 혁명이나 다름없습니다. 더구나 비행기와는 달리 날씨의

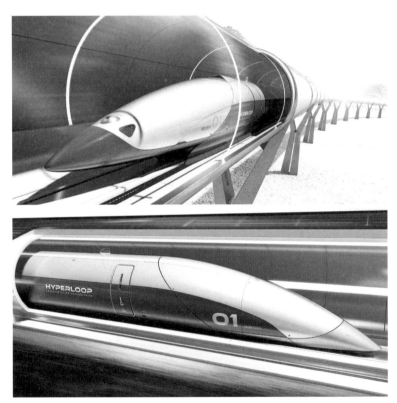

차세대 이동수단으로 떠오르는 하이퍼루프

영향도 받지 않아서 마치 총알을 발사하듯이 10초마다 캡슐을 발사할 수 있습니다.

머스크는 미국 정부에 항공기를 대체하는 차세대 교통수단으로 하이퍼루프를 활용하자고 제안했습니다. 하이퍼루프는 로스앤젤레스와 샌프란시스코 560km 구간을 불과 30분 이내에 주파할 수 있습니다. 이 구간이 버스로 6시간 이상 걸린다는 것을 생각해 보면 엄청난 시간 절약이 아닐 수 없습니다. 또 하이퍼루프는 태양광을 이용해 캡슐을 운행하기 때문에 버스 요금의 절반도 안 되는 가격에 이용할 수 있습니다. 머스크는 가난한 사람도 쉽게 이용할 수 있도록 최소한의 운행요금을 받아야 한다고 주장합니다.

미국에서 하이퍼루프는 국가적으로도 꼭 필요한 존재입니다. 영토가 너무 넓은 미국에서는 지역 간 이동에 비행기가 선호되어 자연히 항공 산업을 집중 육성할 수밖에 없었습니다. 그러는 동안 프랑스, 독일, 일본, 심지어 중국까지 고속철도 개발에 나섰고, 미국은 이들 국가에 비해 뒤처지고 말았습니다. 곳곳에 외국 기업들이 들어와 고속철도를 설치하고 있을 정도로 미국은 철도 후진국입니다.

하지만 철로를 밟고 다니는 한 고속철도는 음속을 돌파할 수 없습니다. 설령 음속을 돌파한다 해도 극심한 소음과 진동으로 인해 승객들이 좋아할 리 만무합니다. 하이퍼루프는 기존 고속철도가 가진 문제를 단번에 해결하는 차세대 교통수단으로서, 건설비용 역시 고속철도에 비하면 훨씬 저렴해 모든 면에서 비교가 되지 않을 정도로 앞선 기술입니다. 머스크가 제안한 하이퍼루프는 머지않아 세상에 널리 보급되어 교통수단의 중심이 될 것입니다.

머스크가 하이퍼루프 프로젝트를 추진하자 중국도 이에 뒤질세라 2020년까지 핵심기술을 개발하고 2025년 상용화를 결정하면서 양국 간에 치열한 경쟁이 시작되었습니다.

세계가 주목하는 인물

2011년 10월 애플의 창업주 스티브 잡스Steve Jobs가 세상을 떠났을 때 사람들은 혁신의 아이콘이 사라졌다고 슬퍼했습니다. 그는 개인용 컴퓨터, 스마트폰, 태블릿 PC 등 다양한 제품을 선보이며 세상을 바꿔 놓았습니다. 하지만 최근에 일론 머스크는 스티브 잡스보다 더 혁신적인 인물로 평가받고 있습니다. 스티브 잡스가 오직 정보통신 분야에서만 족적을 남긴 것에 비해 머스크는 인터넷, 소프트웨어, 전기자동차, 하이퍼루프, 우주선 등 다양한 분야에서 세상을 바꿔놓을 굵직한 업적을 이루었기 때문입니다.

특성이 다른 여러 분야에서 혁신을 이룬 사람은 역사적으로도 매우 드물 정도로, 머스크는 세기의 천재입니다. 하지만 그는 자신이 천재라고 생각하지 않고 남들보다 열심히 일했을 뿐이라고 말합니다. 실제로 그는 법정 노동시간인 주당 40시간을 훨씬 넘는 주당 100시간 일하는 일벌레입니다. 기자들이 "지나치게 많이 일하는 것이 아닙니까?"라고 묻자 그는 "어떤 분야든지 성공하려면 그 정도의 열정

다양한 분야에서
큰 혁신을 이룬
일론 머스크

은 가져야 합니다."라고 말하며 일에 대한 집착을 보여주었습니다.

과거 스페이스엑스의 1단 로켓이 수직으로 착륙하지 못한 채 폭발했을 때, 주위 사람들은 머스크에게 재활용 로켓 개발 프로젝트의 중단을 권유했습니다. 그러자 그는 "실패하지 않는다는 것은 충분히 혁신적이지 않다는 증거다. 목표를 이룰 때까지 절대로 포기하지 않을 것이다."라고 딱 잘라 말했습니다.

그러나 머스크의 지나친 열정은 직원들에게 엄청난 스트레스입니다. 직원들은 휴일도 없이 일주일 내내 일하는 것이 너무 고달파 '주말에는 가족들을 볼 수 있게 해 달라.'라고 건의했으나 머스크는 받아들이지 않았습니다. 그는 오히려 직원들에게 "우리가 파산하고 나면 원 없이 가족과 함께 있을 수 있다. 회사가 성공하기 전까지는 미친 듯이 일해야 한다."라고 말했습니다.

머스크는 그동안 인류가 개발하지 못한 혁신적인 기술을 짧은 시간에 개발하기 위해서는 엄청난 노력이 필요하다고 믿는 사람입니다. 그렇다고 더 많은 돈을 벌기 위해 일하는 것은 아닙니다. 그는 평소에 "돈을 버는 것이 인생의 목표가 아니다. 인류를 돕는 기술을 개발하고 싶다."라는 말을 자주 하며 공공의 이익을 위해 헌신하는 사람이 되려고 합니다. 2012년, 그는 개인 재산 대부분을 과학기술 및 어린이 의학 발전을 위해 내놓았습니다. 그는 자신이 만든 기업체의 최고경영자임에도 연봉으로 단 1달러를 받으며 일하고 있습니다.

머스크는 남의 말을 듣지 않는 독선적인 성격으로 주변 사람들과 자주 마찰을 빚지만, 누구도 시도하지 못한 분야에 과감히 뛰어들어 세상을 변화시키는 혁신의 아이콘으로 자리 잡았습니다. 머스크는 로켓의 아버지 베르너 폰 브라운Wernher von Braun, 자동차왕 헨리 포드, 소프트웨어의 황제 빌 게이츠를 한데 섞어 놓은 인물이라는 찬사를 받고 있습니다. 실제로 2013년 미국의 경제 전문지인 〈포춘Fortune〉이 가장 위대한 경영자로 머스크를 뽑았을 정도로 그는 공상가 수준을 넘어 꿈을 현실로 만드는 데 탁월한 능력을 지닌 인물입니다.

차세대 통신산업 선점에 나선 일론 머스크

1990년대 등장한 인터넷은 전 세계에 혁명적인 변화를 몰고 왔다. 이 놀라운 도구를 통해 세계는 하나로 연결되었다. 이제 사람들은 지구 반대편에서 일어나는 일까지 실시간으로 알 수 있게 되었다. 인터넷은 또한 가지각색의 정보를 무한대로 제공해서 이 세상을 놀랍도록 빠른 속도로 정보지식 사회로 진입시켰다.

인터넷이 세상에 많은 변화를 일으켰지만, 후진국에서는 이렇게 편리한 도구를 사용하기가 어려웠다. 전용선을 설치하기 위해 막대한 비용이 필요했는데 선진국과 달리 빈곤한 나라 사람들은 그 비용을 나눠서 낼 여력이 없었다. 따라서 부유층만이 인터넷에 가입할 수 있었고, 막대한 설비투자비용을 소수의 인터넷 사용자가 떠안다 보니 이용 요금이 비싸질 수밖에 없었다. 선진국과 후진국 간 인터넷 보급률에서 큰 차이를 보이고 있던 1990년대, 일부 앞선 생각을 하던 기업인들은 인공위성을 활용하면 전용선이 필요 없는 무선 인터넷 세상이 열릴 것이라고 전망했다.

통신용 인공위성 60개를 실은 로켓

　빌 게이츠를 비롯한 수많은 억만장자가 무선인터넷 회사에 투자하면서 한껏 기대를 모았지만 결과는 참혹했다. 당시에는 무선통신용 인공위성을 우주에 쏘아 올리기 위해 1회용 로켓을 사용했기 때문에 발사비용을 줄일 방법이 없었다. 게다가 아직 스마트폰이 보급되지 않은 상태여서 무선인터넷을 이용하려는 사람은 별도의 값비싼 장비가 필요했다. 결국 사업자는 가입자를 끌어모을 수 없었고, 시간이 흐를수록 천문학적인 적자를 감당하지 못해 모두 파산하고 말았다. 그런데 2019년 일론 머스크가 나타나 "지금까지 인터넷을 이용할 수 없었던 사람들이나 비싸게 이용해야 했던 사람들을 위해 무선인터넷사업을 시작한다."라고 선언하면서 새로운 도전에 나섰다.

　머스크는 우선 스페이스엑스가 개발한 재활용 로켓을 이용해 인공위성을 지상 1,200km 이하의 저궤도에 띄워 발사비용을 크게 낮췄다. 이렇게 낮은 궤도에 띄우면 더욱 빠른 속도로 인터넷에 접속할 수 있어 일거양득이었다. 또 그동안의 기술 진보로 인해 무선인터넷에 유리한 환경이 갖춰졌다. 스마트폰이 등장하면서 장비가 필요하지 않게 된 것이다. 그리고 예전에는 인공위성이 자동차만큼 컸지만, 최근에는 손바닥만 하게 줄어들어서 제작비용도 크게 절감되었다.

사실 머스크가 거금을 들여 1만 2,000개의 인공위성을 쏘아 올리는 일에 나선 데에는 무선인터넷을 통해 미래의 통신 산업을 선점하려는 의도가 있다.

또한 가까운 미래에 자율주행 차량이나 선박 등 무인 운송시스템이 실용화되는 데 꼭 필요한 것이 언제 어디서나 실시간으로 접속 가능한 무선인터넷이기도 하다.

2019년 5월, 통신용 인공위성 60개를 실은 스페이스엑스의 로켓이 발사에 성공하면서 인공위성을 활용한 무선인터넷 시대가 막을 올렸다. 그러나 기존에 발사된 인공위성의 경우 지표면과 아주 멀리 떨어져 있기 때문에 별다른 문제가 없었지만, 머스크의 통신위성은 너무 가까워 여러 가지 문제를 일으키고 있다. 통신위성이 내뿜는 밝은 빛 때문에 천문학자들이 밤하늘의 별을 관찰하는 데 지장을 받게 되었다. 또한 언젠가 수많은 통신위성들은 수명이 다하면 우주쓰레기가 되어 문제를 일으킬 것이기 때문에 천문학자를 중심으로 머스크의 계획을 비판하고 반대하는 사람들이 나오고 있다.

Mark Zuckerberg

페이스북 창업자

마크 저커버그

투명하고 열린 세상을 만드는 CEO (1984~)

세계 최대의 소셜 네트워크 서비스(SNS)인 페이스북의 창시자이다. 페이스북은 전 세계 사람들을 '친구'로 연결시켜 서로의 삶을 나눌 수 있는 장을 열어 주었다. 또한 아랍의 민주화를 촉발시키는 등 큰 공헌을 했다. 한편으로는 페이스북의 지나친 투명성으로 인해 사생활이 침해되고 피로를 느끼게 한다는 평가도 있다. 저커버그는 2010년 미국 〈타임지〉에 '올해의 인물'로 선정되었다.

미디어의 변천

미디어의 발전은 인류의 역사 변화에 큰 영향을 끼쳐 왔습니다. 1920년 11월 미국 피츠버그에서 라디오 방송이 시작되면서 사람들은 실시간으로 정보를 접할 수 있게 되었습니다. 누구든지 라디오만 있으면 빈부 차이나 신분에 상관없이 같은 정보를 얻을 수 있게 되면서 정보의 평등이 실현되는 사회가 되었습니다. 정부 역시 중요한 정책이나 시급한 문제를 국민에게 신속히 알릴 수 있게 되면서 효율적인 정보전달이 가능해졌습니다.

1937년 영국의 국영방송 BBC가 세계 최초로 텔레비전 방송을 시

눈으로 정보를
수집할 수 있는 시대를 연
TV

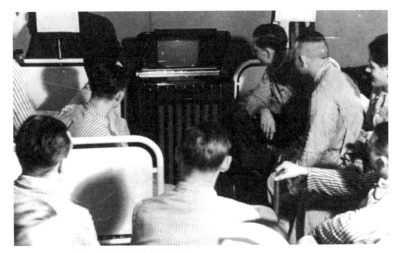
TV를 통해 히틀러의 일거일동을 지켜보는 독일인들

작하면서 시청자들은 눈에 보이는 보다 생생한 정보를 접할 수 있게 되었습니다. 뉴스뿐 아니라 영화, 드라마, 음악 등 다양한 콘텐츠 제공을 가능하게 만든 텔레비전은 인터넷이 등장하기 전까지 가장 중요한 정보 공급원 역할을 담당했습니다.

1930년대 독일의 아돌프 히틀러는 텔레비전을 나치의 선전도구로 활용해 톡톡히 효과를 보기도 했습니다. 나치의 지배 아래 있던 텔레비전 방송국들은 최악의 독재자인 히틀러를 전지전능한 통치자로 미화하는 데 앞장서며 독일 국민의 혼을 빼놓았습니다. 수많은 독일 국민은 패망하기 직전까지도 독일의 승전이 눈앞에 왔다는 텔레비전의 거짓 방송에 속아 자신들의 몰락을 생각조차 하지 못했습니다.

제2차 세계대전 이후 세계 각국 집권층이 나치 독일처럼 방송을

공간을 초월해 인류를 연결해 주는 인터넷

정권 유지와 강화의 수단으로 활용하면서 텔레비전은 여론조작의 도구로 전락하기도 했습니다. 이처럼 텔레비전은 부와 권력을 가진 소수의 사람들이 자신에게 유리한 방향으로 얼마든지 조작할 수 있는 매체가 되어 적지 않은 부작용을 낳았습니다.

1990년대 인터넷이 대중화되면서 사람들은 이전과 완전히 다른 시대를 살게 되었습니다. 기존 미디어처럼 기득권층이 일방적으로 정보를 주입하는 것이 아니라 사회 구성원 모두 정보를 전달할 수 있는 까닭에 인터넷으로 인해 비로소 정보 민주화를 이룰 수 있게 되었습니다.

인터넷의 등장 이후 지구상에 수많은 의사소통 사이트가 생겨났지만, 그 가운데서도 페이스북이 단연 압도적인 영향력을 발휘하고 있습니다.

유대인식 교육방식

페이스북의 창시자 마크 저커버그Mark Zuckerberg는 미국 뉴욕주 화이트플레인스White Plains 출신입니다. 아버지 에드워드Edward는 치과의사, 어머니 캐런Karen은 정신과 의사로서 미국의 전형적인 상류층이었습니다. 1984년 5월에 태어난 저커버그는 유대인 부모 아래에서 어릴 적부터 독특한 유대인식 교육을 받고 자랐습니다.

유대인식 교육의 특징은 자식의 잠재된 소질을 찾아내 능력을 마음껏 발휘할 수 있도록 도와주는 데 있습니다. 저커버그의 부모는 미국 사회에서 성공을 거둔 유능한 의사로서 아들도 의사가 되어 가업을 잇기를 바랐습니다. 하지만 아들이 의사라는 직업에 부정적인 반응을 보이자 더는 부모의 생각을 강요하지 않았습니다. 대신 아들이 어느 분야에 재능이 있는지 세심히 관찰한 결과, 그가 소프트웨어 개발에 흥미가 있음을 알게 되었습니다.

어린 시절의
마크 저커버그(왼쪽)

그의 부모는 저커버그가 소프트웨어 개발자로 성공할 수 있도록 돕고자 했습니다. 아버지는 아들이 11세가 되던 해 유능한 소프트웨어 개발자를 개인교사로 채용해 본격적인 컴퓨터 프로그래밍 교육에 나섰습니다. 또 사업가로서의 성공을 위해 필요한 경제, 경영, 창업 비즈니스 등의 프로그램이 운영되는 곳마다 아들을 데리고 다니면서 남들보다 일찍 세상 보는 눈을 뜨도록 도왔습니다.

이처럼 유대인 부모는 자기 생각을 강요하기보다는 자녀가 타고 난 재능을 발휘하고 소질을 살릴 수 있도록 뒷바라지하는 독특한 교육방식을 오래전부터 고수해 왔습니다. 이로 인해 일찌감치 소질을 발견하고 자신이 좋아하는 분야에 매진한 유대인들은 사회 각 분야에서 두각을 나타내며 세상의 변화와 발전을 주도했습니다. 저커버그 역시 교육열이 뜨거웠던 부모 덕분에 초등학교 때부터 수준 높은 조기교육을 받을 수 있어 이른 나이에 소프트웨어 전문가가 되었습니다.

페이스북의 탄생

저커버그는 고등학교 때 이미 다른 사람에게 판매할 수 있을 정도로 수준 높은 소프트웨어를 개발하며 세상에 이름을 드러내기 시작했습니다. 그가 고등학교 시절 인공지능을 활용한 음악용 소프트웨어 '시냅스'를 만들어 공개하자, 단번에 재능을 알아본 미국의 컴퓨터 소프트웨어 회사 마이크로소프트MS는 저커버그에게 100만 달러

저커버그가 소프트웨어 개발에 대한 열정을 키워 나간 하버드 대학교

에 '시냅스'를 팔 것을 제안했습니다. 다만 돈을 주는 조건으로 3년 동안 마이크로소프트에서 근무할 것을 요구했습니다.

하지만 저커버그는 소프트웨어란 모든 사람이 공짜로 쓸 수 있어야 한다고 생각해서 마이크로소프트의 제안을 거절했습니다. 실제로 그는 자신이 개발한 소프트웨어 '시냅스'를 무료로 공개했습니다.

취업보다는 대학 진학에 관심이 있었던 저커버그는 2002년 하버드대학에 진학해 대학 생활을 시작했습니다. 그는 심리학과 컴퓨터공학을 함께 전공하며 소프트웨어 개발에 대한 열정을 키워나갔습니다. 저커버그는 재학 중 친구들과 이상형 월드컵* 사이트인 페이스매쉬FaceMash를 만들었습니다. 페이스매쉬는 하버드대학에 다니는 여학생들의 얼굴을 둘씩 짝지어 토너먼트식으로 비교하는 익명 사이트였습니다. 저커버그는 페이스매쉬를 주변 친구들에게 소개하고는 수업을 듣기 위해 강의실로 향했습니다.

몇 시간 후 기숙사로 돌아왔을 때, 그는 자신의 사이트가 다운된 사실을 알았습니다. 너무 많은 사람들이 일시에 사이트에 접속해 과부하 현상이 발생한 것입니다. 사이트가 다운된 것은 어찌 보면 별 것 아닐 수 있는 일이지만, 저커버그는 이번 일의 원인에 대해 깊이 생각했습니다. 그의 고등학교 시절에도 네티즌의 사진을 올리는 사이트는 부지기수로 많았기 때문에 자신의 사이트가 폭발적인 관심을 받은 이유를 찾아내기가 쉽지 않았습니다. 더구나 자신의 사이트에 올린 여학생들은 사람들의 시선을 사로잡을 만한 미인도 아니었습니다.

오랜 생각 끝에 인간은 자신과 관련 있는 사람들에 대해 큰 관심을 둔다는 사실을 알게 되었습니다. 그의 사이트에 등장한 여학생이 같은 하버드 대학생이었기 때문에 교내 남학생들이 큰 관심을 가졌을 것이라고 판단했습니다. 이후 그는 자신의 사이트에 '페이스북'이라는 이름을 붙인 후 실명, 나이, 얼굴 공개를 원칙으로 하는 의사소통의 장을 만들었습니다.

---

* 자신이 더 선호하거나 선호하지 않는 것을 토너먼트 방식으로 비교하며 선택해서 순위를 매기는 놀이.

　페이스북이 만들어지자, 대부분의 하버드 대학 학생이 회원으로 가입했습니다. 오래지 않아 프린스턴, 예일, 브라운, 컬럼비아, 코넬, 펜실베이니아, MIT 등 하버드대학교 인근 동부 지역 명문대 학생 대부분이 가입했습니다. 또 하버드 대학과 가장 멀리 떨어져 있는 서부 지역의 스탠퍼드, 버클리, UCLA 등 수많은 대학생이 가입하면서 페이스북은 미국 대학생들의 만남의 장소가 되었습니다. 비단 대학생뿐 아니라 미국 고등학생들도 속속 가입하면서 회원 수가 순식간에 100만 명을 넘어서자, 저커버그는 학업을 계속해야 할지에 대해 심각한 고민에 빠졌습니다.

　2004년, 저커버그는 고심 끝에 학업을 그만두고 사업가가 되기로 했습니다. 당시 그는 미국이라는 나라에 태어난 것이 사업을 하는 데 얼마나 유리한지 체험했습니다. 미국에서는 누구나 반짝이는 아이디어만 있으면 '엔젤 머니'라고 불리는 투자금을 유치해 꿈을 펼칠 수 있습니다. 저커버그 역시 그의 아이디어를 높이 평가한 엔젤 투자자로부터 많은 돈을 지원받을 수 있었습니다. 이를 기반으로 이듬해부터는 발 빠르게 사업을 확장해 나갔습니다.

2008년에 페이스북 가입자가 1억 명을 넘어섰고, 2011년에는 무려 8억 명을 돌파했습니다. 8억 명이라는 페이스북 회원 수를 한 나라의 인구라고 생각해 본다면, 이는 10억 명 넘는 인구를 가진 중국과 인도에 이어 세계 3위에 해당하는 규모입니다. 2012년 5월, 페이스북은 미국의 장외 증권시장 나스닥NASDAQ에 상장되었습니다. 상장 당일 시가총액이 1,000억 달러에 달해 최대 주주였던 저커버그는 순식간에 억만장자 반열에 올랐습니다.

아랍의 봄과 페이스북

페이스북처럼 사회 관계망을 구축해 주는 온라인 사이트를 소셜 네트워크 서비스Social Network Service, 약칭 SNS라고 합니다. 즉 1인 미디어, 1인의 커뮤니티를 중심으로 인터넷상에 새로운 인적 네트워크를 형성해 주는 서비스입니다. 페이스북은 세계 최대의 SNS인 만큼 그 영향력이 막강할 수밖에 없습니다. 독재가 만연한 국가에도 페이스북이 보급되면서 민주화 운동을 일으키는 촉매 역할을 했습니다. 그러자 사람들은 SNS가 사회에 미치는 영향에 큰 관심을 두기 시작했습니다.

오래전부터 아랍세계는 정상적인 민주주의 국가가 거의 없었을 정도로 전제 왕정과 독재정치가 만연한 지역입니다. 사실 아랍세계는 '검은 황금'이라 불리는 석유자원이 풍부해 다른 지역에 비해 경제적으로 풍요로워질 수 있는 여건을 갖추고 있습니다. 하지만 석유 판매 수입을 일부 기득권층이 독차지해, 빈부 차이가 상상을 초월할 정도로 컸습니다. 왕족과 독재자들은 동시대를 살아가는 그 누구보다도 화려한 삶을 살았지만 절대다수 국민의 삶은 팍팍하기 그지없었습니다.

페이스북이 등장하자 컴퓨터와 스마트폰을 사용하는 아랍의 젊은 이가 대거 가입해 세상에 대한 불만을 토로했습니다. 인터넷에 익숙하지 않았던 집권세력은 SNS의 파급력을 제대로 파악하지 못했기 때문에 별다른 규제를 하지 않았습니다. 이로 인해 사건이 불거졌습니다.

2010년 12월, 북아프리카 튀니지에서 과일 노점상을 하던 한 청년이 23년 동안 국민을 괴롭혀 온 독재정권에 항거해 길거리에서 자기

몸을 스스로 불살랐습니다. 그는 튀니지 국민 모두 민주화를 위해 일어날 것을 외치면서 죽어갔습니다. 청년의 죽음은 페이스북을 통해 젊은층을 중심으로 삽시간에 국민에게 퍼져 나갔습니다.

그동안 독재정권의 압제에 신음하던 튀니지 국민은 너나 할 것 없이 길거리로 뛰어나와 민주화를 요구하는 시위를 지속적으로 전개했습니다. 이로 인해 이듬해인 2011년 1월에 지난 23년 동안 튀니지를 철권통치한 벤 알리Ben Ali의 독재정권이 무너졌습니다. 이 소식은 페이스북을 통해 순식간에 이웃 아랍국가로 전해졌고, 거의 모든 아랍 국가에서 민주화 운동이 일어났습니다.

2012년 2월 이집트의 독재자 호스니 무바라크Hosni Mubarak 대통령이 32년간 머물렀던 권좌에서 쫓겨났습니다. 같은 해 8월에는 무려 42

아프리카 북단에 위치한
튀니지

리비아의 독재자 무아마르 카다피

년 동안 리비아에서 철권을 휘둘렀던 무아마르 카다피_{Muammar Gaddafi}가 쫓겨났습니다. 이외에도 알제리, 시리아, 이라크, 예멘 등 대부분의 아랍국가에서 페이스북을 매개로 민주화 시위가 일어났습니다. 당시에 일어난 전례가 없는 반정부 시위 및 혁명의 물결을 두고 사람들은 '아랍의 봄'이라 불렀습니다. 아랍세계에 민주주의라는 봄이 찾아오게 된 데는 페이스북의 역할이 매우 컸습니다.

전 세계 사람들은 아랍세계에 이제껏 한 번도 경험하지 못한 민주정부가 들어서리라는 기대를 하게 되었습니다. 하지만 아랍의 봄은 그렇게 길지 않았습니다. 아랍 민중의 민주주의에 대한 열화와 같은 요구에도 불구하고 독재정권이 사라진 자리에는 또 다른 독재 권력이 들어섰고, 민중의 삶에는 별다른 변화가 없었습니다.

이집트 대통령 무바라크가 물러나자, 민주적 선거에 의해 야당 소속 모하메드 무르시_{Mohamed Morsi} 후보가 대통령에 당선되어 이집트 국민의 민주화에 대한 기대를 한껏 높였습니다. 그러나 2014년 친미성향의 군인들에 의한 쿠데타가 일어나 압델 파타 엘시시_{Abdel Fattah-el-}

Sisi가 권력을 차지하기에 이르렀습니다. 엘시시는 미국을 등에 업고 무바라크 못지않은 독재정치를 펼치며 이집트 국민의 민주화에 대한 요구를 완전히 묵살했습니다.

시리아는 상황이 이전보다 훨씬 악화되면서 세계인의 골칫거리가 되었습니다. 1970년 무혈 쿠데타로 집권한 알 아사드Al-Assad

쿠데타로 정권을 잡은 이집트 대통령
압델 파타 엘시시

가문은 대를 이어 시리아를 철권통치하면서 국민의 자유를 억압해왔습니다. 많은 사람들은 2011년 '아랍의 봄' 물결이 시리아에도 상륙해 반정부 시위가 이어지고 반군이 결성되면서 머지않아 알 아사드 정권이 축출될 것이라고 생각했습니다.

민주화를 요구하는 이집트 국민들

시위대 진압에 나선 이집트 경찰

시리아의 독재자 바샤르 알 아사드 대통령

하지만 강대국 러시아와 이란이 알 아사드 독재정권을 지원하면서 정부군과 반군 간의 내전으로 발전했습니다. 이러한 혼란을 틈타 IS(이라크-레반트 이슬람 국가)*가 독버섯처럼 시리아에 뿌리를 내리게 되었습니다. 끝 모를 내전으로 수십만 명의 시리아인이 목숨을 잃었고, 이보다 훨씬 많은 수백만 명의 사람이 난민이 되어 고국을 떠나야 했습니다. 시리아 난민 상당수가 유럽으로 발길을 돌리면서 유럽 국가들은 난민수용 문제를 두고 심각한 갈등을 빚기도 했습니다. 더구나 IS가 시리아 북부 라카Raqqa를 근거지로 삼고 세계를 대상으로 자살폭탄테러를 일삼아, 지구촌 사람들은 언제 일어날지 모르는 테러의 공포 속에 살게 되었습니다.

아랍세계에서는 새로 들어선 독재정권이나 기존부터 존재하던 독재정권 모두 페이스북 같은 SNS가 정권 유지에 위협이 된다는 사실을 깨닫고, 모든 SNS를 이전보다 통제하고 있습니다.

---

* 이슬람 수니파의 극단주의 무장단체.

테러와 페이스북

2018년 페이스북 가입자가 22억 명을 넘어 세계 40억 인터넷 사용 인구 중 절반 이상이 사용하는 SNS가 되면서 페이스북은 지구상의 어떤 매체보다도 막강한 영향력을 가지게 되었습니다. 페이스북을 통해 전 세계 사람들 간의 소통이 가능해지자, IS 같은 역사상 최악의 테러집단조차 페이스북을 적극적으로 활용하기 시작했습니다.

IS 지도부는 컴퓨터에 능통한 조직원을 동원해 IS에 대한 홍보에 열을 올렸습니다. IS 조직원으로 가입하면 화려한 저택과 고급 자동차, 적지 않은 월급을 주겠다고 유혹하며 전 세계에서 조직원을 끌어모았습니다.

페이스북을 통해 IS에 가담한 사람은 대부분 지역사회에서 적응하지 못한 청소년이었습니다. 주변으로부터 무시당하던 청소년들은 테러리스트가 되어 세상에 복수하려는 욕구로 IS 조직원이 되었습니

테러에 악용된 페이스북

다. 일부 철없는 청소년은 IS 조직원과 결혼하기 위해 고국을 버리기도 했습니다. 네덜란드의 한 엄마는 IS 조직원과 결혼하겠다고 집을 나간 10대 딸을 찾기 위해 목숨 걸고 IS 본거지 중 하나인 이라크까지 들어가 노예처럼 학대받고 있던 딸을 구해오기도 했습니다.

IS 조직원들은 자신들에게 호의적인 글을 남기는 페이스북 이용자들을 집중적으로 공략하는 방법을 사용했습니다. 미인으로 위장한 IS 조직원이 호의적인 글을 남기는 남성에게 접근해 친구 맺기를 신청하면 대부분의 남성은 친구가 되었습니다. 이후 페이스북을 통해 계속 이야기를 나누면서 친해지면 미인으로 위장한 IS 대원이 항공권까지 보내며 자신을 만나러 오라고 간청하고, 이에 적지 않은 남성이 음모에 넘어가 IS 본거지인 이라크와 시리아로 건너갔습니다.

또 페이스북을 통해 온갖 종류의 불법 무기가 거래되면서 또 다른 심각한 문제가 발생했습니다. 2011년 아랍세계를 강타한 '아랍의 봄' 당시 갑작스레 이집트와 리비아의 독재정권이 무너지면서 대량의 무기가 암시장으로 쏟아져 나왔습니다. 소총과 수류탄은 물론 기관총, 대전차포, 미사일까지 거의 모든 중화기가 페이스북을 통해 거래되면서 이들 무기 대부분이 IS 같은 테러조직의 손아귀로 흘러 들어갔습니다.

페이스북이 테러리스트의 온라인 활동의 근거지가 되자 저커버그도 더는 두고 볼 수 없어 테러와 연관된 계정을 찾아내 속속 폐쇄했습니다. 페이스북 이용자가 너무 많다 보니 페이스북에 올라오는 모든 게시물을 감시할 수는 없었지만 수많은 테러와 관련된 계정을 폐쇄하며 적지 않은 성과를 올렸습니다.

2016년 2월, IS는 저커버그의 조치에 광분해 페이스북에 그를 잔혹하게 살해하겠다고 협박하는 글을 남기기도 했습니다. 이처럼 페이스북이 범죄의 온상이 되면서 사람들은 페이스북 같은 SNS가 인류에게 위협이 될 수도 있음을 깨닫게 되었습니다.

개인정보 유출과 빅브라더 사회에 대한 우려

1949년 영국의 유명한 소설가 조지 오웰George Orwell은 〈1984〉라는 의미심장한 작품을 발표했습니다. 소설 속 가상의 전체주의 국가인 오세아니아에서는 소수 집권세력이 권력을 유지하기 위해 국민들을 철저히 통제합니다. 신격화된 절대권력자인 빅브라더big brother*는 오늘

---

* 정보를 독점 감시하여 사회를 통제하는 권력자나 사회 체계.

미국 정부의 불법 감시를 폭로한 에드워드 스노든

날 텔레비전과 비슷한 텔레스크린이라는 장비를 모든 곳에 설치해 국민의 일거수일투족을 감시합니다. 이로 인해 사람들은 숨조차 제대로 쉴 수 없는 지경에 이릅니다.

2013년, 미국 최대 정보기관 중 하나인 NSA국가안전보장국 소속 고위 관료였던 에드워드 스노든Edward Snowden이 미국 정부가 바로 빅브라더였다는 사실을 폭로함으로써 미국 사회는 큰 충격을 받았습니다. 스노든은 미국의 비밀정보기관인 CIA미국중앙정보국 요원으로 활동하다 NSA로 발탁된 엘리트 정보수집 요원이었습니다.

2001년 미국 정부는 뜻밖의 9·11테러*를 당하게 되면서, NSA를 동원해 미국 국민뿐 아니라 전 세계 모든 사람을 감시하여 추가 테러를 막기로 했습니다. 스노든은 NSA 근무 당시 윗선의 지시에 따라 감시가 필요한 전 세계 사람을 상대로 휴대전화 통화, 이메일, 페이스북 등에서 사람이 남길 수 있는 모든 흔적을 불법적으로 수집했습니다.

---

* 2001년 9월 11일 발생한 항공기 납치 동시다발 자살테러. 뉴욕의 110층 세계무역센터(WTC) 쌍둥이 빌딩이 무너지고, 워싱턴의 국방부 건물이 공격받았다.

하지만 양심의 가책을 느낀 스노든은 2013년 언론을 통해 미국 정부의 불법을 폭로하며 세상을 발칵 뒤집어 놓았습니다. 미국 국가공무원법은 직무상 알게 된 내용을 외부에 발설하지 못하도록 하는 '비밀누설금지 의무'를 부여하고 있습니다. 이 때문에 미국 정부가 스노든을 최대 종신형에 해당하는 반역죄로 처벌하려고 하자, 그는 러시아로 망명길에 올랐습니다. 이에 미국 정부는 스노든의 여권을 말소해 그를 국제 미아로 만들어 버렸습니다.

폭로사건이 터지자, 미국 사회는 스노든을 지지하는 사람과 비난하는 두 부류로 극명하게 갈렸습니다. 미국 정보기술 산업의 황제나 다름없는 마이크로소프트 창업자 빌 게이츠는 스노든에 대한 비판에 앞장섰습니다. 기자들은 빌 게이츠에게 스노든이 조국을 배반한 역적인지 아니면 정의로운 세상을 만들려고 했던 이 시대의 영웅인지 물었습니다. 그러자 빌 게이츠는 기자들에게 "저는 사람들이 합의해서 만들어 놓은 법질서를 어긴 사람을 결코 영웅이라 부를 수 없습니다. 또 공익적인 목적을 위해 정부에 인터넷을 감시할 수 있는 권한을 주어야 합니다."라고 말하며 스노든을 비판했습니다.

반면, 저커버그는 단호하게 오바마 대통령과 미국 정부에 대한 비판에 나섰습니다. 그는 오바마 대통령과의 전화통화에서 "미국 정부는 인터넷을 보호해야지 인터넷을 위협하는 존재가 되어서는 안 됩니다. 더 많은 사람이 인터넷을 활용할 수 있도록 인터넷은 열린 공

저커버그와 오바마

간이 되어야 합니다."라며 쓴소리를 했습니다. 또 "스노든은 현행 미
국 법에 비춰 본다면 공무원의 비밀누설금지 의무를 위반한 범죄자
이지만 인류의 발전을 위해서는 꼭 필요한 사람입니다."라고 말하며
스노든을 두둔했습니다.

 사실 저커버그가 스노든 사태에 민감한 반응을 보인 것은 본인의
이익과 큰 관련이 있습니다. 이용자들의 모든 게시물이 감시당한다
는 사실이 알려지면 페이스북의 앞날에 부정적인 영향을 끼치기 때
문입니다. 이용자들은 표현과 소통을 위해 자발적으로 자신에 관한
온갖 자료를 페이스북에 올려놓습니다. 그렇기에 정부기관이 페이스
북을 감시하면 관찰 대상에 관한 수많은 정보를 얻을 수 있습니다.
 페이스북 같은 SNS가 없었을 때 정부기관 요원들은 대상자에 관한 정보를 얻기 위해 도청을 하고 주변 인물을 일일이 만나고 다녀야 했습니다. 그런데 페이스북 등장 이후에는 개인의 사생활을 쉽게 알 수 있게 됨으로써 비용과 시간이 크게 절약되었습니다.

하지만 다른 관점에서 보면 미국 정부뿐 아니라 페이스북 자체도 조지 오웰이 우려한 빅브라더일 수 있습니다. 이용자에 관한 모든 자료를 끊임없이 수집하기 때문입니다. 2011년 오스트리아의 정보보호 운동가 막스 슈렘스Max Schrems는 개인정보 유출을 우려해 그동안 자신이 남긴 자료를 모두 삭제한 후 돌려달라고 요구했습니다.

그러나 페이스북은 자료 돌려주기를 거절했습니다. 막스 슈렘스는 페이스북을 상대로 소송을 벌여, 2년간의 법정 공방 끝에 승리했습니다. 슈렘스는 1,200쪽 넘는 PDF 파일이 든 CD를 받았는데, 거기에는 그가 페이스북에 올린 글과 사진뿐 아니라 다양한 정보가 담겨 있었습니다. 그동안 그가 클릭한 적 있는 모든 사진과 페이지, 친구 목록, 본 적이 있는 광고 등 자신이 기억하지도 못한 일들이 시간대별로 빠짐없이 기록되어 있었습니다. 이렇게 수집한 정보는 세계 곳곳에 분산되어 자료저장소에 쌓여 영원히 사라지지 않고 보관될 수도 있다는 사실을 알게 되었습니다.

페이스북과의 소송에서 이긴 막스 슈렘스

이처럼 기업들이 개인의 신상에 관한 정보에 집착하는 것은 정보가 돈이 되기 때문입니다. 개인에 대한 정보 분석을 통해 개인의 취향을 알 수 있게 되고, 이를 기반으로 각종 표적 광고를 할 수 있습니다. 이를테면 만약 누군가가 SNS에 일본 여행을 가고 싶다는 메시지를 남기면 데이터 분석을 통해 여행사에 SNS 회원에 관한 정보를 넘기고 일정한 대가를 받을 수 있습니다.

만리장성 방화벽

페이스북은 세계 최대 인터넷 사용자를 보유한 중국에 진출해 회원 수를 급격히 늘렸습니다. 당시 7억 명 넘는 중국 인터넷 시장은 저커버그로서는 결코 놓칠 수 없는 황금 시장이었습니다. 그렇지만 진출 이듬해인 2009년 페이스북은 뜻밖의 사건에 휘말려 중국 시장에서 쫓겨나게 되었습니다.

중국의 서부 신장 지역은 인종적으로 보나 종교적으로 보나 나머지 지역과는 사뭇 다릅니다. 중국 본토의 절대다수를 차지하는 민족이 한족임에 반해 신장 지역에는 실크로드의 토착 민족인 위구르족이 살며 이슬람교를 신봉하고 있습니다. 역사적으로 신장 지역은 중국과 별개의 나라로 존재해 왔지만 중국 대륙에 사회주의 정권이 들어선 후 강제 합병을 당해 독립국으로서의 지위를 잃고 말았습니다. 이후 위구르족은 끊임없이 자주독립을 요구하는 시위를 일으켰습니다. 페이스북이 중국으로 진출한 이후 이들은 페이스북을 통해 서로

중국인과 모습이 다른 위구르족

정보를 주고받으며 교류했습니다.

페이스북은 미국 회사이기 때문에 중국 정부가 마음대로 회원들의 활동을 감시할 수 없어 위구르족에게는 더할 나위 없이 좋은 의사소통의 도구였습니다. 하지만 위구르인의 독립운동은 중국 정부의 무지막지한 무력 진압으로 실패로 돌아갔습니다. 이 사건을 계기로 중국 정부는 2010년 페이스북을 중국 시장에서 몰아냈습니다.

페이스북 같은 세계적인 기업을 쫓아내는 국가는 지구상에 극소수 독재 국가밖에 없지만, 중국은 다른 나라의 시선을 아랑곳하지 않고 페이스북을 자국 땅에서 차단했습니다. 이후 저커버그는 다시 중국에 진출하기 위해 부단한 노력을 했습니다. 중국어를 열심히 배워 미국 대기업 최고경영자 중 유일하게 중국어를 자유롭게 구사할 수 있게 된 그는 수시로 중국을 방문해 페이스북에 우호적인 분위기를 만들고자 했습니다.

그는 중국의 국가 지도자 시진핑의 출신 학교인 칭화대학을 방문해 능숙한 중국어로 학생들과 대화를 나누었습니다. 또 시진핑이 미국을 방문하면 그의 주변을 맴돌며 좋은 인상을 주려고 했습니다. 2015년 중국인 아내 사이에서 딸을 얻자, 때마침 미국을 방문한 시진핑에게 딸의 이름을 지어달라는 부탁을 하기도 했습니다. 하지만 시진핑은 세 차례나 유산한 끝에 태어난 아기의 이름을 짓기에 자신은 부족한 점이 많다며 에둘러 저커버그의 부탁을 거절했습니다.

2016년 3월, 저커버그는 중국을 방문해 색다른 이벤트를 펼쳤습니다. 중국은 세계 최악의 대기오염 국가로서 미세먼지로 인해 제대로 숨쉬기조차 쉽지 않은 나라입니다. 그런데 중국 정부에 의해 미세먼지 경보가 내려져 자국민들조차 외출을 자제하고 있는 최악의 상황에서 저커버그가 반바지 트레이닝복 차림으로 천안문 광장을 조깅해

칭화대를 방문한
저커버그

큰 화제를 불러일으켰습니다. 저커버그는 기자들을 만날 때마다 연신 중국 칭찬을 늘어놓으며 좋은 이미지를 주려고 노력했지만 바뀌는 것은 아무것도 없었습니다.

중국은 공산당이 일당 독재하는 나라로서 권력 유지를 위해 자국에서 검열할 수 없는 외국계 SNS 기업에는 시장을 개방하지 않습니다. SNS를 통한 반정부 활동을 예방하기 위해서입니다. 만리장성에서 힌트를 얻은 '만리장성 방화벽'이라는 인터넷 접속 차단 시스템을 만들어 페이스북, 트위터 등 외국계 소셜미디어* 뿐 아니라, 구글 등 전 세계 주요 웹사이트의 접속을 모두 차단했습니다.

중국은 자국민의 페이스북 접속을 금지했지만, 정부 차원에서 댓글부대를 만들어 해마다 5억 개에 육박하는 글을 페이스북에 올리고

---

* 사람들이 의견과 정보 등을 공유하는 온라인 플랫폼.

있습니다. 올리는 글은 전부 중국 정부를 찬양하는 내용으로서 체제 홍보의 수단으로 활용하고 있습니다. 이에 반감을 품은 중국인들은 중국에 거주하는 외국인 전용 인터넷망을 통해 해외 사이트에 접속하고 있으며, 그 비율이 중국 전체 네티즌의 30% 이상 됩니다.

딸에게 보내는 공개편지

2015년 11월, 저커버그는 첫딸 맥스Max가 태어나자 딸에게 쓴 장문의 편지를 언론에 공개했습니다. 편지에는 다음과 같은 내용이 담겨져 있습니다.

사랑하는 맥스에게.

아빠와 엄마는 너로 인해 앞으로 네가 살아갔으면 하는 세상에 대해 곰곰이 생각해보게 되는구나. 이 세상 모든 부모처럼 우리도 네가 지금보단 훨씬 좋은 세상에서 행복하고 건강하게 자라게 하고 싶단다. 그동안 많은 진전이 있었지만, 아직 세상에는 가난, 질병, 기회의 불평등 등을 해결할 수 있는 획기적이고 다각적인 발전이 요구되고 있단다. 아빠와 엄마는 이 일을 이루기 위해 나름대로 역할을 다할 작정이란다. 이는 너를 사랑하기 때문일 뿐만 아니라, 다음 세상을 살아가게 될 모든 아이에 대한 우리의 도덕적 책임이기 때문이란다.

아빠와 엄마는 이 세상 모든 생명이 평등한 가치를 지니고 있다고 믿는단다. 우리가 바라는 미래의 세상은 지금보다 인간의 잠재력이

MARK ZUCKERBERG AND PRISCILLA CHAN

전 재산 기부를 약속한 저커버그 부부

향상되고 좀 더 평등한 사회란다. 가난과 질병, 출신과 국적 등으로 인해 잠재력을 발휘할 기회를 얻지 못하고 기회가 공평하게 주어지지 않는 세상을 개선해 나가기 위해 우리는 할 일이 무척 많단다.

오늘 아빠와 엄마는 이러한 도전과제를 해결하는 데 우리의 삶을 바치기로 약속하련다. 우리는 사는 동안 우리가 소유하고 있는 페이스북 지분의 99%를 이 임무를 수행하는 데 쓸 것이다. 이미 이런 일에 바쳐진 모든 이들의 재능과 재산에 비하면 이것은 아주 적은 기여에 불과하지만, 아빠와 엄마는 우리가 할 수 있는 일에 최선을 다하면서 뜻을 같이하는 다른 사람들과 함께 이 일을 해나갈 것이란다.

저커버그는 세상에 태어난 딸에게 기부 정신을 가장 먼저 가르쳐주고 싶었습니다. 이를 위해 본인 소유 페이스북 지분의 99%를 내놓기로 약속한 것을 세상에 공개했습니다.

기부에 관한 논란

저커버그가 딸에게 쓴 편지는 언론을 타고 전 세계에 전해져 많은 사람에게 신선한 충격을 주었습니다. 편지를 쓸 당시 저커버그는 세계 7위의 갑부로서 재산이 무려 500억 달러에 이르렀기 때문입니다. 31살의 젊은 갑부가 대부분의 재산을 기부하겠다고 하자, 세계인이 그를 칭송했습니다. 그러나 시간이 지나면서 저커버그의 기부 약속에 비판의 목소리가 나오기 시작했습니다. 이는 저커버그가 이전 기부자들과 전혀 다른 형태의 기부방식을 선택했기 때문입니다. 저커버그 이전에 이미 통 큰 기부를 행동에 옮긴 빌 게이츠 등 미국의 갑부들은 모두 비영리 자선재단을 통해 기부활동에 나섰습니다.

비영리 자선재단이란 이윤을 추구하는 영리활동을 할 수 없는 단체로서 오로지 설립목적에 맞는 선행에만 기부금을 사용해야 합니다. 선행을 목적으로 설립된 만큼 정부에 세금을 내지 않는 특혜를 누리는 대신 매년 기부금의 최소 5% 이상을 반드시 자선 목적에 사용해야 합니다.

반면에 저커버그는 자신 명의의 유한책임회사*로 전 재산을 옮긴 후 기부활동에 나서겠다고 했습니다. 유한책임회사는 정부로부터 받는 세금공제 혜택이 없는 대신 설립자 마음대로 기부액을 조절할 수 있는 회사입니다. 설립자가 원하지 않으면 한 푼도 기부하지 않아도

---

* 사원이 직접 경영에 참여하는 동시에 법적인 책임을 부담하는 회사. 일반적인 주식회사보다 유연한 지배 구조를 가진다.

정부가 간섭할 수 없습니다. 상속세를 내지 않고 자녀에게 회사에 대한 지배권을 넘길 수 있고, 돈을 버는 일에도 얼마든지 투자할 수 있습니다. 또 비영리 자선재단과 달리 정치인들에게 막대한 정치자금을 제공할 수도 있어 정치적인 영향력도 행사할 수 있습니다.

결론적으로 유한책임회사를 세워 재산을 이전하면 40%에 이르는 고율의 상속세를 피해갈 수 있으며, 기부금을 투자목적으로 사용해 재산을 불릴 수 있습니다.

저커버그의 기부 행태를 두고 미국의 유력 언론사인 뉴욕타임스는 "저커버그의 기부 선언은 오른쪽 주머니의 돈을 왼쪽 주머니로 옮긴 것일 뿐이다."라는 날카로운 비판을 가했습니다. 또 수많은 지식인은 저커버그에게 본인 뜻대로 돈을 굴릴 수 있는 유한책임회사로 재산을 돌리지 말고 차라리 40%의 상속세를 납부하라고 요구하고 있습

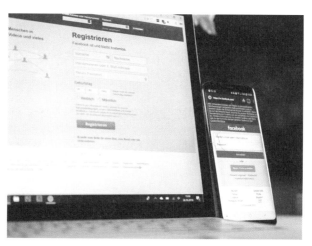

성장의 한계를 맞은
페이스북

니다. 상속세로 낸 돈은 정부가 공평하게 가난한 사람들을 위한 복지 비용으로 활용할 수 있기 때문입니다.

　미국의 수많은 지식인들은 부자의 기부보다 부자에 대한 증세가 더 중요하다고 말하고 있습니다. 더구나 인터넷 사이트 하나로 수백 억 달러가 넘는 어마어마한 돈을 끌어모을 수 있는 사회가 과연 올바른가에 대해서도 논란이 일었습니다. 성공의 열매를 한두 사람이 독차지하는 것보다는 여러 사람에게 골고루 돌아가도록 하는 것이 미국 사회에 만연한 소득 격차를 완화할 수 있는 길이기 때문입니다.

페이스북의 한계

　2012년 페이스북은 큰 폭의 성장세를 유지하며 미국의 정보지식산업을 이끌었습니다. 하지만 유튜브가 폭발적인 성장을 거듭하면서 페이스북은 성장 한계에 부딪혔습니다. 처음 등장했을 때만 하더라도 페이스북은 온 세상 사람들을 연결해 주는 도구로서 각광받았습니다. 그렇지만 사람들은 글과 사진 위주로 구성된 역동적이지 않은 페이스북에 점차 싫증을 느끼기 시작했습니다. 페이스북 가입자의 증가폭도 해마다 줄어들고 가입자들이 페이스북에 머무는 시간도 점점 짧아지고 있습니다.

　동영상 위주의 서비스를 제공하는 유튜브는 페이스북에 흥미를 잃은 사람들을 흡수하면서 정보지식산업의 새로운 흐름을 만들어 내고 있습니다. 동영상은 글이나 사진보다 훨씬 실감 나기 때문에 영상에 익숙한 젊은 층을 시작으로 구독층이 넓어졌습니다. 유튜브는 오래지 않아 장년층과 노년층까지 파고들면서 막강한 영향력을 행사하고 있는데 그 비결은 동영상 창작자를 우대하기 때문입니다.

유튜브는 다양하고 수준 높은 동영상이 많을수록 구독자가 늘어나는 점에 착안해 동영상을 올린 창작자에게 충분한 보상을 해주고 있습니다. 창작자가 일정 수의 구독자를 확보하면 동영상에 광고를 붙여서 꽤 큰 수익을 얻을 수도 있습니다. 유튜브의 인기 창작자 중에는 큰돈을 버는 사람도 부지기수입니다. 2018년에 가장 돈을 많이 번 창작자는 일곱 살 난 미국 소년으로 1년 동안 무려 2,200만 달러의 수입을 올렸습니다.

유튜브 활동으로 대박의 꿈을 이루는 창작자들이 늘어나자 아예 직업으로 창작자의 길을 걷는 사람도 수없이 많습니다. 창작자들이 기존 방송국에서 제공하지 못하던 다양한 동영상을 직접 만들어 올리면서 사람들은 유튜브를 통해 많은 정보를 생생한 동영상으로 얻을 수 있게 되었습니다. 이를테면 반려견에 관심이 많은 사람은 수많은 동영상을 통해 원하는 정보를 얻을 수 있고 사람들과 의견을 나눌

동영상 공유 사이트인 유튜브

개인정보 유출로 물의를 일으킨
케임브리지 애널리티카

수도 있습니다.

이처럼 유튜브가 네티즌들을 빨아들이면서 페이스북의 성장에 제동이 걸리게 되었습니다. 페이스북은 앞으로가 더욱 문제입니다. 정보산업의 특성상 일단 사람들이 흥미를 잃고 떠나기 시작하면 점점 빠른 속도로 빠져나가서 나중에는 걷잡을 수 없게 되기 때문입니다.

2016년부터 불거지기 시작한 정보유출 사건 역시 페이스북의 성장에 큰 장애가 되고 있습니다. 2016년, 영국의 정보회사인 케임브리지 애널리티카Cambridge Analytica는 그동안 페이스북에서 수집한 미국인 8,700만 명에 대한 신상정보를 당시 공화당 대선후보였던 도널드 트럼프Donald Trump 측에 넘겼다가 그만 덜미를 잡히고 말았습니다. 이 정보회사가 수집한 개인정보에는 가입자들이 비공개로 한 것들까지 대거 포함되어 있었습니다. 이를 통해 공화당 측은 유권자의 이메일이나 전화번호는 물론 은밀한 개인정보까지 모두 파악할 수 있었습니다.

미국 사회가 정보유출 사건으로 뒤집히자 저커버그는 "페이스북은 가입자에 관한 정보를 거래업체에 넘길 때 다른 곳에 유출하지 않겠다는 약속을 받는다. 따라서 정보유출은 거래업체의 잘못이지 페이스북의 잘못은 아니다. 앞으로 페이스북은 개인정보가 유출되지 않도록 최선을 다하겠다."라고 약속했지만 이를 믿는 사람은 많지 않았습니다. 일단 앱 개발회사나 광고회사로 개인정보가 넘어가면 개인정보가 어떻게 사용되든지 페이스북이 통제할 방법이 없기 때문입니다.

그동안 페이스북은 가입자의 개인정보를 광고회사나 앱 개발사에 판매하면서 돈을 벌어왔기 때문에 이를 중단할 경우 회사의 수입도 감소하게 됩니다. 게다가 저커버그의 약속과 달리 이후로도 끊임없이 유출되면서 페이스북의 이미지에 큰 타격을 주었습니다. 이처럼 페이스북은 정보유출 문제와 가입자의 이탈 그리고 유튜브의 도전으로 녹록지 않은 길을 걷고 있습니다.

★

가상화폐에 도전하는
페이스북 달러

2019년, 페이스북은 28억 명의 사용자를 보유한 세계 최대의 소셜네트워크서비스SNS 업체로 발전했다. 그러나 성장률이 예전만 못해지자 새로운 성장 동력으로 발굴한 신규 사업이 바로 가상화폐이다.

사실 이전에도 수많은 가상화폐가 존재했다. 2009년, 가상화폐의 대표주자인 비트코인Bitcoin이 기존 화폐에 도전장을 내밀었다. 누구나 컴퓨터를 활용해 비트코인을 채굴할 수 있었지만 대부분의 사람들은 거들떠보지도 않았다. 그런데 처음에는 가치를 거의 인정받지 못하던 비트코인이 투기의 대상이 되면서 가격이 폭등했다.

비트코인이 처음 모습을 드러낼 때만 하더라도 1비트코인의 가치는 몇 달러에 불과했지만 2017년 11월, 처음으로 1만 달러의 벽을 넘어서면서 세상을 깜짝 놀라게 했다. 비트코인은 1만 달러를 돌파한 후 불과 18일 만에 2만 달러를 넘어서며 거품이 절정에 이르렀다. 이후 폭락을 거듭해 1년 만에 3,200달러 선까지 떨어졌다. 가상화폐의 가치가 수시로 크게 변하면 결제 수단으로 사용할 수 없게 되어 화폐로서의 기능을 하지 못한다. 이처럼 비트코인을 비롯한 가상화폐의 안정성이 흔들리자 가상화폐는 점차 사람들의 관심에서 멀어져 갔다.

가상화폐 등장 이전까지 모든 나라의 화폐는 각국의 중앙은행이 엄격한 심사를 거쳐 필요한 만큼 발행했다. 즉, 모든 화폐는 각국 정부가 발행해 왔고 정부는 화폐 가치를 안정시키기 위해 최선을 다했다. 화폐 가치가 큰 폭으로 변동할 경우 물가도 요동쳐 안정적으로 국가경제를 운영할 수 없기 때문이다.

그동안 가상화폐에 관심을 가진 사람은 투기꾼 정도였으나, 페이스북이 '리브라Libra'라는 새로운 가상화폐를 내놓겠다고 발표하자 전 세계 정부와 금융기관들이 들썩였다. 페이스북은 리브라가 기존의 가상화폐처럼 무용지물이 되지 않도록 화폐 가치를 안정화시키는 데 주안점을 두었다. 이를 위해 자사가 보유하고 있는 달러화나 유로화 등 주요 국가의 화폐만큼만 리브라를 발행하기로 했다.

또한 리브라가 세계에서 가장 편리한 가상화폐가 될 수 있도록 고안했다. 페이스북 가입자라면 클릭 몇 번으로 수수료를 거의 들이지 않고 전 세계 어디로나 돈을 보낼 수 있도록 개발하고 있다. 현재의 은행 시스템에서도 얼마든지 다른 나라로 송금할 수 있지만, 고객은 적지 않은 송금 수수료를 지불해야 한다. 전 세계 은행들은 해마다 수백억 달러를 송금 수수료로 챙기고 있으며 이는 은행의 주요 수입원 중 하나이다. 리브라는 은행들이 이미 구축해 놓은 전산망을 이용하지 않고 페이스북 서버를 이용하기 때문에 고객은 비싼 송금 수수료에서 벗어날 수 있다. 그러나 이는 짭짤한 송금 수수료 수입을 올리던 은행에 청천벽력과도 같은 소리이다.

페이스북은 리브라를 단순한 송금 서비스 차원 이상의, 모든 물건을 사고팔 수 있는 세계 공용화폐로 만들려는 원대한 계획을 가지고 있다. 이는 미국 정부의 심기를 불편하게 만들었다.

제2차 세계대전 이후 미국이 초강대국 지위를 누릴 수 있었던 데에는 달러화의 영향이 막대했다. 세계 기준통화인 달러화 없이는 무역을 할 수 없었기 때문에 각 나라는 달러를 확보하기 위해 혈안이 되었다. 즉, 달러화를 통해 미국은 자국의 영향력을 세계 구석구석까지 극대화시킬 수 있었다.

그러나 미국을 제외한 대부분의 나라에서는 무역이나 해외여행을 위해 달러가 필요할 뿐, 자국 내에서는 고유의 화폐를 사용하고 있다. 각국에서 통용되는 고유의 화폐는 정부가 설립한 중앙은행이 관리하며 특정 회사나 개인이 관리하는 나라는 없다.

만약 전 세계 사람들이 리브라를 통해 물건을 사고팔 수 있다면 달러화의 역할이 상대적으로 줄어들게 되며 이는 미국의 영향력 약화를 의미한다. 달러화를 통해 초강대국의 지위를 유지하고 있는 미국 정부는 당연히 리브라의 등장을 반기지 않았다.

페이스북이 가상화폐를 준비하고 있다고 발표하자 미국 의회는 페이스북에 리브라를 개발하지 말라고 압력을 가했다. 미국 정부뿐만 아니라 프랑스, 영국 등 여러 나라에서 리브라의 등장에 우려를 나타내면서 미국 정부의 규제를 요청하기도 했다. 이처럼 각국 정부와 은행들이 리브라의 등장에 강한 경계심을 보이자 페이스북은 리브라의 등장이 가져올 좋은 점을 알리며 분위기를 반전시키고자 했다.

선진국에서는 누구나 별다른 어려움 없이 은행을 이용할 수 있지만 아프리카나 아시아 등지의 가난한 나라에서는 사정이 다르다. 저개발국은 금융 산업이 발달하지 않아 국민들이 은행을 이용하기가 쉽지 않다. 전 세계 사람들 세 명 중 한 명은 은행 계좌를 한 번도 갖지 못했을 정도로 아직까지 은행의 문턱은 높다. 페이스북만 연결되면 누구나 리브라를 이용할 수 있기 때문에, 은행을 이용할 수 없는 서개발국 사람들에게 많은 혜택을 줄 수 있을 것이라고 페이스북은 선전하고 있다.

만약 페이스북의 바람대로 리브라가 성공을 거둘 경우, 세계 최초로 중앙 정부의 영향을 받지 않는 독립 화폐이자 세계에 널리 유통되는 가상화폐라는 독보적인 지위를 차지하게 된다. 이 경우 페이스북은 일개 회사이지만 미국 정부 못지않은 영향력을 가질 수 있다. 또한 리브라가 성공한다면 페이스북은 오래도록 탄탄대로를 달릴 수 있다. 페이스북에 흥미를 잃은 가입자들은 리브라를 이용하기 위해 남게 되고 그동안 페이스북에 가입하지 않았던 사람들조차 리브라를 사용하기 위해 새로운 회원으로 가입할 것이기 때문이다.

마지막으로, 리브라 송금 서비스 사용자가 많아질수록 그 수에 비례해 수익도 늘어날 수 있다. 기존 은행보다는 훨씬 적지만 일정한 금액의 수수료를 거둘 수 있기 때문이다. 이처럼 가상화폐 리브라는 페이스북의 성장에 신의 한 수가 될 수 있지만 견제하는 세력이 많아 성공하기까지 수많은 난관을 통과해야 하는 상황이다.

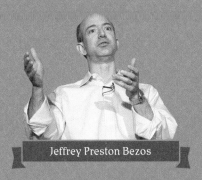

Jeffrey Preston Bezos

인터넷 쇼핑몰의 제왕

제프 베조스

인터넷 공간을 상품거래 시장으로 만든 경영자 (1964~)
세계 최대 온라인 쇼핑몰 아마존의 CEO이다. 이윤을 포기하는 대신 몸집을 키
우는 경영전략으로 소비자에게 이익을 가져다주었다. 1999년 〈타임〉지의 '올해
의 인물'로, 2012년에는 경제지 〈포춘Fortune〉의 '올해의 기업인'으로 선정되었
다. 그러나 직원들에 대한 착취로 성공했다는 평가도 받고 있으며 2014년에는
국제노동조합연맹이 뽑은 최악의 경영자로 뽑히기도 했다. 억만장자가 된 이후
'블루오리진Blue Origin'을 설립하고 우주여행 시대를 여는 데 앞장서고 있다.

아마존의 시작

1964년 미국 남서부의 뉴멕시코주에서 제프 베조스Jeff Bezos가 태어 났습니다. 그가 태어날 당시 그의 어머니는 17살 고등학생이었습니 다. 어린 나이에 시작한 결혼생활은 아들 출산 후 18개월 만에 이혼 으로 끝이 났습니다. 이후 1968년 어머니가 쿠바 이민자 출신 남성 과 재혼하면서 제프 베조스는 새아버지와 함께 살게 되었습니다.

미숙한 어머니와 외국인 새아버지 밑에서 자라게 된 베조스에게

뉴멕시코주

젊은 시절의 제프 베조스

그나마 마음의 위안을 준 사람은 외할아버지였습니다. 외할아버지는 여름 방학 때마다 외손자를 자신의 농장으로 초대해 즐겁게 보내며 돌봐주었습니다.

학창 시절 내내 두각을 나타냈던 베조스는 1986년 명문 프린스턴 대학교 이론물리학과에 입학했습니다. 그리고 대학 졸업 후 금융회사에 취업해 돈에 대한 감각을 익히며 약육강식이 지배하는 자본주의의 속성에 대해 깨닫게 되었습니다. 1994년 어느 날 베조스는 잡지를 보다가 인터넷 상품 거래가 1년 사이 2천 배 이상 커졌다는 기사를 접한 후 회사를 그만두고 창업에 뛰어들었습니다.

베조스는 인터넷에서 어떤 상품을 팔면 돈을 벌 수 있을까 한참 동안 고민하다가 책이 가장 적합한 상품이라는 생각을 했습니다. 시중에 나와 있는 서적의 종류는 수백만 권에 이르지만, 공간적 한계로 모두 진열하기란 불가능했습니다. 따라서 아무리 큰 서점이라도 잘 팔리는 인기 서적 위주로 책을 전시할 수밖에 없었습니다. 이런 문제점을 해결하면 큰돈을 벌 수 있으리라는 확신을 얻었습니다.

1년간의 준비 기간을 가진 후 1995년 7월, 베조스는 미국 최초의 온라인 서점 '아마존Amazon'의 영업을 개시했습니다. 아마존이라는 회사 이름은 많은 동식물이 모여 사는 지상 최대의 강 아마존처럼 수많은 책을 인터넷에서 팔겠다는 야심에서 비롯되었습니다.

무너진 파레토법칙

경제학에 '파레토법칙'이라는 용어가 있습니다. 1897년 이탈리아의 경제학자 빌프레도 파레토Vilfredo Pareto가 발표한 소득분포에 관한 통계적 법칙 이론으로, 상위 20%의 사람이 국부의 80%를 차지하듯이 어느 분야든지 상위 20%가 80%의 기여도를 갖는다는 것입니다.

즉 기업이 생산하는 수많은 제품 중 주요제품 20%가 수익의 80%를 가져다주고, 상위 20%의 우량고객이 매출의 80%를 가져다준다는 이론입니다. 따라서 경제적인 측면에서 본다면 기업은 80% 이익을 가져다주는 상위 20%의 제품이나 고객에게 집중투자를 해야 수익을 극대화할 수 있습니다.

파레토법칙이 사람들에게 마치 진리처럼 받아들여지면서 기업은 핵심제품 개발과 우량고객 관리에만 집중하게 되었습니다. 이로 인해 그동안 일반 서점은 베스트셀러 위주로 책을 판매해 수익을 극대화하는 전략을 사용했습니다.

베조스는 지금까지 베스트셀러에 밀려 찬밥 대우를 받던 80%의 비인

이탈리아의 경제학자 빌프레도 파레토

amazon

아마존 로고

기 서적에 관심을 가졌습니다. 이 서적들은 주로 희귀서적이나 전문서적 또는 사람들이 많이 찾지 않는 문학작품이어서 일반 서점에는 비치조차 되지 않았습니다. 베조스는 공간의 제약이 없는 인터넷 특성을 활용해 베스트셀러뿐 아니라 지구상에 존재하는 거의 모든 책을 아마존 웹 사이트에 전시했습니다.

베조스가 직원들과 함께 수백만 권에 이르는 온갖 종류의 책을 아마존 사이트에 올리기 위해 애를 쓰자, 주변 사람들이 만류했습니다. 일 년에 한두 권 팔릴까 말까 한 비인기 서적을 인터넷에 올리기 위해 시간을 낭비하는 것처럼 보였기 때문입니다. 아마존을 세운 첫해 연간 매출액이 고작 수십만 달러 남짓이었을 정도로 온라인 서점 사업은 고전을 면치 못했습니다.

그런데 시간이 지나면서 인터넷을 사용하는 네티즌이 폭발적으로 늘어나고, 지구상의 모든 서적을 아마존에서 살 수 있다는 입소문이 돌면서 아마존은 본격적인 성장궤도에 진입했습니다. 남들은 거들떠보지도 않는 비인기 서적을 무기로 오프라인 서점과의 차별화에 성공함으로써 아마존은 어느 순간부터 미국의 대형서점과 겨룰 수 있는 위치에 올랐습니다.

아마존이 사람들의 예상과 달리 수익의 절반 이상을 비인기 서적을 통해 얻게 됨에 따라, 더는 19세기 말의 파레토법칙이 통하지 않게 되었습니다. 오히려 제품 전시에 공간적 제약이 없는 인터넷 시대가 열림으로써 그동안 천덕꾸러기 취급을 받아 왔던 자질구레한 비인기 상품이 기업에 큰 수익을 안겨 주는 효자상품이 되었습니다.

사라진 서점들

제2차 세계대전 이후 작성된 통계에 따르면 뉴욕에는 3,337개의 서점이 있었습니다. 제법 규모가 큰 대형서점도 적지 않았지만 대부분 소규모 서점으로 동네마다 한두 군데씩 자리 잡고 있었고, 주고객은 인근 주민이었습니다.

그런데 1990년대에 이르러 미국 전역에 체인점을 거느린 초대형 기업형 서점이 등장하면서 작은 서점이 사라지기 시작했습니다. 엄청난 매장 규모를 자랑하는 기업형 서점은 의도적으로 기존 서점 근

서점에서 책을 고르는 사람들

미국의 기업형 서점인 반스앤노블 로고

처에 문을 열었습니다. 새로 문을 연 대형서점은 일부러 낮은 가격으로 책값을 책정해 기존 서점이 망하도록 유도했습니다.

기존 서점이 가격경쟁에서 밀려 급속도로 사라지면서 미국의 서점 시장은 극소수 기업형 서점 차지가 되었습니다. 기업형 서점은 기존 서점이 사라지자마자 줄줄이 가격을 올려 그동안 입은 손실을 만회했을 뿐 아니라, 엄청난 수익을 올렸습니다.

그 한 예로 '반스앤노블Barnes & Noble *'은 미국 전역에 1천 개 넘는 초대형 서점을 운영하며 매출이 해마다 30억 달러에 이르는 세계 최대 서점 체인으로 성장했습니다. 하지만 이러한 성공은 자금력을 앞세워 규모가 작은 서점들을 죽이고 이뤄졌기 때문에 많은 사람의 비난을 피할 수 없었습니다.

아마존은 동일한 원리로 기업형 서점을 무너뜨렸습니다. 매장관리에 돈을 들일 필요가 없는 아마존이 무차별 가격 인하를 단행하자 기업형 서점들은 도저히 버틸 수 없었습니다. 더구나 기업형 서점과는 비교가 되지 않을 만큼 많은 서적을 취급했기 때문에 판매하는 책의 종류에서도 저만치 앞서 나갔습니다.

* 미국에서 가장 큰 대형 서점 체인.

또 인터넷 공간이 소통 가능한 공간이라는 점에 착안해 독자평가 제도를 도입했습니다. 독자라면 누구나 아마존 사이트에 책에 대한 평가를 올릴 수 있도록 했고, 그 내용 또한 제한하지 않았습니다. 그러자 아마존에 책을 공급하는 출판사가 가만있지 않았습니다. 출판사들은 책에 대한 부정적인 평가까지 폭넓게 허용하는 아마존의 정책에 항의했습니다.

베조스는 출판사의 항의에 눈 하나 깜짝하지 않았습니다. 오히려 그는 "고객은 좋은 평가만 잔뜩 있을 때는 의심하는 속성이 있다. 좋은 평가와 나쁜 평가가 적절히 섞여 있을 때 가장 신뢰하기 때문에 부정적인 평가야말로 책을 많이 팔리게 하는 데 반드시 필요하다."라며 출판사를 설득했습니다.

베조스의 말대로 고객들이 다양한 의견이 공존하는 독자평가 제도를 신뢰해서 아마존은 더 많은 책을 팔 수 있었습니다. 이처럼 아마존이 다양한 경영기법을 동원하며 비약적인 성장을 거듭하자 동네 작은 서점들을 밟고 일어섰던 기업형 서점도 하나둘씩 쓰러져 갔습니다. 심지어 세계 최대 기업형 서점인 반스앤노블조차도 하루가 다르게 서적 판매량이 줄어들며 경영난에 허덕이게 되었습니다.

2000년대 들어 아마존이 세계 최대 온라인 서점으로 성장하면서 미국 시장을 평정하자, 베조스는 그동안의 최저가 정책을 버리고 책 가격을 본격적으로 올리기 시작했습니다. 서점 시장에서 더는 경쟁자가 없을 정도로 막강한 위치를 차지한 아마존에 대적할 만한 출판사는 존재하지 않았습니다. 사실상 독점적인 지위를 차지한 아마존은 이후 출판사에 터무니없이 낮은 가격에 책을 공급하라는 부당한 요구를 하면서 문제를 일으키기 시작했습니다.

모든 것을 파는 회사

인터넷 서점으로 큰 성공을 거둔 베조스는 판매하는 제품의 종류를 급격히 늘려 가며 아마존을 종합 인터넷 쇼핑몰로 탈바꿈시켰습니다. 아마존은 장난감, 의류, 전자제품, 보석, 음반, 과자 등 생활에 필요한 모든 물품을 취급하게 되었고, 베조스는 도서를 제외한 모든 상품에 대하여 업계 최저가 판매라는 원칙을 회사의 철칙으로 삼았습니다. 매출액 대비 겨우 1% 남짓한 이익만을 남기고 상품을 판매했으며 심지어 손해를 보고 상품을 파는 경우도 적지 않았습니다. 이로 인해 회사의 매출액은 급격히 늘어났지만 오랜 기간 이익을 거의 내지 못했습니다.

아마존 주주들의 격렬한 반대에도 베조스는 이익을 남기기에 연연하기보다는 매출 규모를 늘리는 데 온 힘을 기울였습니다. 세계 최대 온라인 쇼핑몰로 등극하는 순간 상품거래 시장을 쥐락펴락할 수 있는 힘이 생긴다는 사실을 잘 알고 있었기 때문입니다. 아마존이 거의 원가에 상품을 판매하자 소비자들은 환호했습니다.

하지만 베조스는 상품가격을 최저가로 유지하기 위해 직원들을 쥐어짜야 했습니다. 그는 아마존 설립 초기부터 "회사를 위해 종업원은

온갖 제품을 파는
아마존

신선 식품까지 판매하는
아마존

모든 것을 포기해야 한다."라고 주장하며 회사에 헌신하기를 강요했습니다. 그가 직원들을 비용으로 바라보고 원가절감을 위해 법이 정한 최소한의 대접만 해주었기 때문에 아마존의 근무환경은 다른 회사에 비해 열악하기 그지없었습니다. 특히 아마존에서 가장 힘든 일을 하는 창고 물류 담당 직원들의 고통은 이루 말할 수 없을 정도였습니다.

2011년 펜실베이니아주에 사상 최악의 폭염이 덮쳐 사람들을 괴롭혔습니다. 계속되는 폭염에 물류 기업들은 직원 보호를 위해 임시 휴업을 하거나 막대한 돈을 들여 대형 창고에 에어컨을 설치한 후 작

아마존 물류창고

업을 하도록 했습니다. 하지만 아마존은 휴업도 하지 않고 물류창고
에 에어컨을 설치하지도 않은 채 작업을 강행했습니다.

베조스는 직원들에게 "고객과의 약속을 지키는 것은 무엇보다도
중요하다."라고 말하며 물류창고 밖에 구급차와 의료진을 대기시킨
채 일을 시켰습니다. 숨조차 제대로 쉴 수 없는 폭염 속에서 제품을
발송하기 위해 일하던 직원들이 쓰러졌지만, 업무를 중단시키지 않
았습니다. 15명의 직원이 병원에 실려 간 이후에야 물류창고에 에어
컨을 설치했습니다.

이 사건이 언론을 통해 미국 전역에 알려지자, 그동안 저렴한 가격
으로 소비자에게 상품을 판매함으로써 얻게 된 베조스에 대한 좋은
이미지가 한순간에 무너져 내렸습니다. '스티브 잡스 이후 최고의 혁

신가'라는 찬사를 들어왔던 그는 '직원의 희생을 강요하는 폭군'이라는 악명을 얻었습니다. 이와 더불어 2014년에는 국제노동조합연맹이 뽑은 최악의 경영자로 뽑히기도 했습니다.

고도의 경영전략

대부분의 기업은 제품을 가능한 한 비싼 가격에 팔아 수익을 최대화하려 합니다. 하지만 베조스가 볼 때 이 같은 전략은 단기적으로는 이익이지만 장기적으로 보면 망하는 지름길이나 다름없었습니다. 특정 제품을 팔아 많은 돈을 벌 수 있게 되면 처음에는 큰 이익을 얻겠지만 머지않아 수많은 기업이 시장에 뛰어들어 결국에는 남는 것이 거의 없게 됩니다.

애플이 세상에 처음으로 스마트폰을 내놓았을 때 스티브 잡스는 최대한의 이익을 내도록 가격을 책정했습니다. 이후 애플이 스마트폰을 팔아 엄청난 돈을 벌어들이자 경쟁업체가 우후죽순으로 생겨나며 시장을 나눠 먹어야 하는 처지가 되었습니다. 이런 문제를 겪지 않으려면 시장에서 절대강자가 될 때까지는 적자를 간신히 면할 정도의 이익에 만족해야 한다고 베조스는 생각했습니다.

아마존이 이익을 포기할 정도로 초저가 정책을 취하자 웬만한 대기업은 선뜻 온라인 쇼핑몰 시장에 뛰어들지 못했습니다. 이로 인해 아마존은 별다른 경쟁 없이 계속 몸집을 키워 2015년, 드디어 매출액 1천억 달러를 돌파하기에 이르렀습니다. 1995년 50만 달러의 매출을 올린 지 20년 만에 무려 20만 배에 이르는 매출 신장을 이룬 기적 같은 일이었습니다. 이윤을 포기하는 대신 몸집을 키우는 고도의 경영 전략으로 아마존이 세계 최대 온라인 쇼핑몰로 성장하자, 베조스는 세계 최대 오프라인 할인매장인 월마트에 도전장을 내밀었습니다.

월마트와의 싸움

월마트_{Wal-mart}는 아마존이 등장하기 이전까지 자타가 공인하는 세계 최대 유통 업체였습니다. 1962년 창업자 샘 월턴_{Sam Walton}이 장인에게 빌린 돈 2만 달러와 자신의 돈 5천 달러를 밑천으로 아칸소주의 시골마을에 가게를 연 것이 시작이었습니다.

월마트는 치열한 경쟁에서 살아남기 위해 '세상의 모든 물건을 가장 싸게 판다.'라는 최저가 전략을 통해 비약적인 성장을 거듭해 1990년대에 접어들 때는 세계 최대 유통업체로 우뚝 섰습니다. 그리

월마트의 창업자 샘 월턴

고 전 세계에 1만 개 이상의 매장을 확보하며 어마어마한 규모의 경제를 실현했습니다. 또 10만여 종 이상의 상품을 판매했는데 이는 타 업체가 따라올 수 없는 규모였습니다. 이로써 인터넷이 활성화되기 이전의 아날로그 시대에 월마트는 유통업계의 황제로 군림할 수 있었습니다.

하지만 21세기 이후 인터넷을 통한 디지털 혁명이 일어나자, 경쟁의 틀이 바뀌기 시작했습니다. 제품 전시에 있어서 공간 제약을 받지 않는 아마존은 지구상에 존재하는 거의 모든 상품을 사이트에서 판매하며 10만여 가지 품목을 판매하는 월마트를 압도했습니다.

아마존은 일정 금액 이상의 상품을 구매하는 고객에게 무료배송 서비스를 제공하여 사람들이 물건을 사기 위해 굳이 매장에 갈 필요가 없도록 만들었습니다. 월마트는 수많은 매장과 직원을 유지하느라 엄청난 비용을 들였습니다. 그러나 아마존은 물류창고만 유지하면 되기 때문에 관리비용이 훨씬 적게 들어 월마트보다 낮은 가격에 상품을 판매할 수 있었습니다.

21세기 들어 본격화된 아마존의 거센 도전에 월마트는 휘청거리기 시작했습니다. 1980년 이후 단 한 번도 매출액이 감소한 적이 없었지만 2015년에는 35년 만에 매출액이 감소했습니다. 경영환경이 악화됨에 따라 월마트는 매출이 부진한 매장을 폐쇄하고 취급 품목 수를 대폭 줄였으며 1만 명 넘는 직원을 해고했습니다. 반면에 아마존은 매출이 계속 증가하면서 2015년 처음으로 시가총액에서 월마트를 뛰어넘었습니다. 이는 온라인 유통이 오프라인 유통을 넘어섰음을 보여주는 상징적인 사건이었습니다.

심화되는 횡포

아마존이 인터넷 서점이었을 때만 하더라도 책을 공급하는 출판사 정도만 횡포에 시달렸습니다. 하지만 아마존이 거의 모든 영역에 손을 뻗치면서 횡포에 시달리는 업체가 기하급수적으로 늘어났습니다.

아마존은 제품을 공급하는 거래업체에 월마트보다 저렴한 가격으로 공급하라고 압력을 넣었고, 말을 듣지 않으면 가만히 두지 않았습니다. 누구든지 아마존이 원하는 가격에 제품을 공급하지 않으면 더는 거래할 수 없었습니다. 아마존은 중소기업에서 대기업에 이르기까지 회사의 규모를 가리지 않고 자사의 요구를 관철했습니다. 대표적인 사례가 미국을 대표하는 영화사인 월트디즈니Walt Disney와의 갈등이었습니다.

2014년 8월, 아마존은 월마트보다 낮은 가격에 영화 DVD를 납품하도록 월트디즈니에 요구했습니다. 월트디즈니가 난감해하자 아마존은 곧바로 사이트에서 월트디즈니 영화를 없애 버렸습니다. 그리고 고객들에게 판매 중단의 이유도 설명하지 않은 채 '앞으로 월트디즈니의 영화 DVD가 판매 가능해지면 알리겠다.'는 안내문만 올렸습니다. 이에 미국 언론들은 일제히 "아마존이 월트디즈니와의 협상에서 유리한 고지를 점령하기 위해 판매중단이라는 초강수를 사용했다."라고 지적하며 사건의 심각성을 세상에 알렸습니다.

아마존의 막강한 힘을 견뎌낼 수 없었던 월트디즈니는 끝내 그들의 요구를 대폭 수용할 수밖에 없었습니다. 두 회사 간의 힘겨루기는 아마존의 한판승으로 끝났습니다. 월트디즈니뿐 아니라 수많은 기업이 아마존의 납품단가 인하 요구에 시달리자, 미국 언론과 지식인을 중심으로 비판하는 소리가 거세지기 시작했습니다.

2008년 노벨 경제학상을 수상한 폴 크루그먼Paul Krugman은 "아마존은 지나치게 많은 힘을 가지고 있으며 그 힘을 남용하고 있다. 정부는 아마존을 그냥 두고만 볼 것이 아니라 규제해야 한다."라고 주장하며 정부의 적극적 개입을 촉구했습니다. 이외에도 수많은 언론과 시민단체가 "아마존의 성공은 정당하게 얻은 것이 아니라 직원을 노예처럼 부리고 납품업체의 고혈을 짠 결과이다."라고 주장하며 정정당당하게 사업할 것을 요구했습니다.

반면, 아마존 편에 선 일부 언론인들은 "현재 아마존이 가진 막강한 시장 지배력은 꾸준히 노력한 경영혁신의 산물이다. 자본주의 체제에서 공급자에게 더 싼 값에 납품하라고 압박하는 것은 당연한 권리다. 그것이 마음에 들지 않으면 아마존과 거래를 끊고 다른 곳에 판매하면 그만이다."라고 말하며 아마존을 옹호했습니다.

아마존이 미국 사회에서 끊임없이 논란을 일으키는 존재가 되었지만 베조스는 더 많은 분야에 진출하는 데만 관심이 있었습니다. 그는 이익을 극대화하기 위해 아마존 브랜드의 기저귀, 비타민, 물티슈, 애견 사료, 커피, 물, 시리얼 등을 개발해 판매에 나섰습니다. 아마존은 직접 생산 공장을 운영해서 이 제품들을 만드는 것이 아니라 다른 제조업체에 의뢰해 생산, 기존의 브랜드 제품들보다 저가에 출시해서 자사의 매출을 확대해 나갔습니다.

베조스는 이것으로도 부족해 전형적인 골목상권 업종으로 꼽히는 페인트칠, 청소대행, 변기 교체 등 용역 분야에도 진출을 선언했습니다. 동네 사업자를 아마존에 등록시킨 후 해당 서비스를 구매하려는 소비자와 연결해 주고 적지 않은 수수료를 받겠다는 계산이었습니다. 이 같은 용역 중개 서비스를 도입하면 종업원을 고용할 필요도 없고 막대한 투자비를 들이지 않아도 손쉽게 돈을 벌 수 있습니다. 그러나 미국 최대의 온라인 유통기업이 영세업자를 상대로 적지 않은 수수료를 받는 것이 과연 정당한 일인지를 두고 또 다른 논란이 일고 있습니다.

워싱턴포스트를 살려낸 베조스

1877년 설립된 워싱턴포스트The Washington Post 는 뉴욕타임스The New York Times 와 더불어 미국을 대표하는 일간신문입니다. 미국 제37대 대

워싱턴포스트를
들고 있는
제프 베조스

통령 리처드 닉슨을 불명예 퇴진하게 한 워터게이트Watergate 사건*을
보도한 공로로 언론계 최고의 영광인 퓰리처Pulitzer 상**을 수상했을 만
큼 미국 사회에서 큰 영향력을 가진 신문입니다.

　하지만 인터넷 등장 이후 종이신문에 대한 사람들의 관심이 대폭
줄자 2000년대 들어 워싱턴포스트는 몰락의 길로 접어들기 시작했습
니다. 구독자 수가 감소한 결과 광고 수입도 덩달아 줄어들어 기자들
의 월급을 주기 위해 대출을 받아야 하는 상황에 내몰렸습니다. 갈수
록 경영난이 악화되자 더 많은 기자들이 떠났고, 이로 인해 기사 내용
은 부실해지고 말았습니다.

　2013년 8월, 베조스가 적자에 허덕이고 있던 워싱턴포스트를 인수
했습니다. 그가 인수할 때 사람들은 회사에 대규모 구조조정의 태풍

---

* 1972년 6월 미국 대통령 재선을 노린 닉슨 측이 민주당 선거운동 본부가 있는 워싱턴시의 워터게이트 호텔을 도청하려다
　발각된 사건. 이 사건으로 닉슨은 임기 도중 대통령직에서 물러났다.
** 미국에서 가장 권위 있는 언론 문학 예술상.

워싱턴포스트 본부

이 몰아칠 줄 알았습니다. 베조스가 아마존을 운영하면서 필요 없다고 생각한 직원들을 가차 없이 내쫓았기 때문입니다.

1990년대까지만 하더라도 아마존에는 가격 대비 좋은 제품을 소개하는 상품추천제도가 있었습니다. 이를 위해 베조스는 추천 상품을 선정할 직원을 대거 고용했습니다. 상품추천제도는 소비자의 호평 속에 아마존을 다른 업체와 차별화시키는 역할을 했습니다.

상품추천제도가 아마존의 핵심 경쟁력으로 등장하자 베조스는 컴퓨터가 인간 대신 이 일을 할 수 있을지에 대해 실험을 했습니다. 그동안 축적된 방대한 데이터를 이용해 추천 상품을 찾아내는 컴퓨터 프로그램을 만들어 직원들과 경쟁을 시켰습니다. 결과는 컴퓨터의 승리였습니다. 인간의 경험과 직관으로 추천된 상품보다 컴퓨터 데이터 분석으로 추천된 상품이 더 많은 구매가 이루어졌습니다. 이를 지켜본 베조스는 상품추천 업무를 맡았던 직원들을 대거 정리해고했습니다.

그런데 베조스는 워싱턴포스트 직원은 해고하지 않고 오히려 인원을 대폭 늘렸습니다. 그는 해고에 대한 공포로 불안에 떨고 있는 직원들을 향해 "단기적인 성과를 추구하지 않습니다. 1만 년을 내다보고 투자하겠습니다. 얼마든지 기다려 줄 테니 지구촌 어디서나 읽을 수 있는 디지털 매체로 워싱턴포스트가 거듭나기 바랍니다."라고 말하며 안심시켰습니다.

또 기자들의 취재와 편집에 전혀 간섭하지 않고 활동의 자유를 보장해 주었습니다. 이 역시 그동안 그가 아마존에서 보여주었던 태도와 사뭇 달라 사람들을 놀라게 했습니다. 아마존은 직원 수가 수십만 명에 달하는 대기업이지만 베조스는 예전부터 일일이 회사 일에 간섭하는 것으로 유명했습니다.

아마존을 이용하면서 불편하거나 건의할 사항이 있는 소비자는 누구나 사이트에 공개되어 있는 베조스의 개인 이메일로 편지를 보낼 수 있습니다. 베조스는 소비자가 보낸 편지를 꼼꼼히 읽어본 후 해당 문제를 처리할 수 있는 담당자에게 직접 지시를 내렸습니다. 그는 아무리 사소한 일이라도 그냥 지나치는 법이 없었으며, 그가 시키는 대로 일을 처리하지 못한 직원은 회사를 떠나야 했습니다. 베조스는 창업 이래 아마존을 자신의 절대적인 영향권에서 벗어나게 한 적이 없었습니다.

하지만 워싱턴포스트의 기자들에게는 자율권을 최대한 보장해 주어 마음껏 활동하도록 했습니다. 인터넷의 중요성을 일찌감치 간파해 대성공을 거둔 베조스는 전통적인 종이 신문사인 워싱턴포스트와 인터넷을 결합하는 일에 나섰습니다. 아마존이 성공한 것은 저가를 미끼로 수많은 고객을 끌어모아 시장의 절대강자가 되었기 때문이라는 경험에 근거해, 워싱턴포스트 부활에 동일한 전략을 사용했습니다.

신문으로 성공하려면 어떻게든 독자를 끌어모아야 하는데 디지털 시대인 만큼 인터넷 구독자를 늘리는 일에 초점을 맞추었습니다. 이를 위해 사이트를 관리하는 데 뛰어난 아마존의 직원들을 워싱턴포스트로 불러모았습니다. 워싱턴포스트 역시 이전부터 인터넷 신문을 만들어 왔지만 인터넷 전문가가 많지 않아 기사를 읽기가 불편했습니다. 그런데 아마존에서 전문가가 대거 유입되면서 워싱턴포스트 인터넷 신문은 예전보다 한결 보기 편해졌습니다.

또 구독자를 늘리기 위해 지역 소규모 신문사와 손을 잡는 '신문 파트너십 프로그램'을 운영했습니다. 신문 파트너십 프로그램이란 지역신문 유료 구독자에게 무료로 워싱턴포스트 인터넷 신문을 볼 기회를 주는 것을 말합니다. 이 프로그램이 실행되면서 지역신문을 정기 구독하는 독자가 늘어났습니다. 그 덕분에 소규모 지역 신문사의 경영 사정이 이전보다 한결 나아졌습니다.

워싱턴포스트 역시 이익을 보기는 마찬가지였습니다. 무려 300개 넘는 지역 신문사가 신문 파트너십 프로그램에 참여함에 따라 온라인 독자가 폭발적으로 늘어났습니다. 온라인 독자가 늘어나면서 이전보다 훨씬 많은 광고가 들어와 회사의 수익증가로 이어졌습니다.

베조스는 아마존에서 갈고 닦은 경영기법을 총동원해 워싱턴포스트를 살려냈습니다. 2015년 말부터 워싱턴포스트는 온라인 구독자 수에서 뉴욕타임스를 누르면서 예전의 영향력을 완전히 회복하는 데 성공했습니다. 베조스는 신문사 운영에 있어서는 아마존과 달리 업계 약자인 지역 신문사와 상생하는 전략을 취해 좋은 결과를 가져왔습니다. 그는 미국 유력 일간지의 소유자로서 이전보다 훨씬 큰 사회적 영향력을 가질 수 있게 되었고 디지털 시대라는 세상 변화에 발맞춰 자신이 유능한 경영자임을 세상에 입증했습니다.

우주여행 프로젝트

1969년 아폴로 11호가 달을 향해 힘차게 치솟아 올랐을 때 다섯 살 난 베조스는 모든 장면을 지켜보았습니다. 당시 어린 베조스는 언젠가 기회가 된다면 반드시 로켓을 만들어 우주관광 시대를 열겠다고 다짐했습니다. 이후로도 꿈은 변하지 않았습니다. 2013년 3월, 베조스는 거액을 들여 대서양 심해에서 잠자고 있던 아폴로 11호의 잔해를 건져 올렸습니다. 주변 사람들이 쓸데없는 일에 큰돈

1969년 달 착륙에 성공한 아폴로 11호

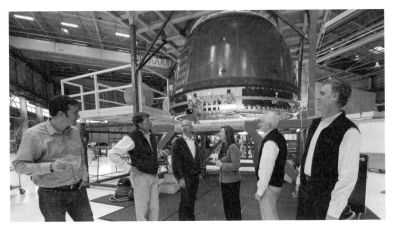
우주여행용 로켓 회사 블루오리진

을 낭비하지 말라며 만류했지만, 그는 어릴 적 보았던 아폴로 11호의
잔해라도 갖고 싶어 거금을 선뜻 내놓았습니다.

베조스는 아마존의 성공으로 억만장자가 되자, 우주관광 시대를 열
기 위해 '블루오리진Blue Origin'이라는 회사를 설립하고 우주여행용 로
켓 개발에 나섰습니다. 그는 주변 사람들에게 "내가 어릴 적 아폴로
11호의 발사를 보면서 느꼈던 멋진 체험을 자라나는 아이들에게도
경험하게 해주고 싶다."라고 말하며 빠르게 우주여행 시대를 열겠다
고 선언했습니다. 이와 더불어 1인당 우주여행 비용을 수만 달러 수
준으로 낮추기 위해 로켓 재활용 기술에 회사의 사활을 걸었습니다.

2015년 11월, 블루오리진이 발사한 뉴셰퍼드New Shepard 로켓이 우
주 공간에서 무사히 돌아오는 데 성공했습니다. 일론 머스크가 설립

한 스페이스엑스의 로켓과 함께 뉴셰퍼드 로켓도 재활용에 성공함으로써 예전보다 발사비용을 획기적으로 낮출 수 있게 되었습니다.

블루오리진 로켓은 우주 관광용 상업 로켓으로서 지상에서 100km까지 올라갈 수 있도록 설계되었습니다. 지상 100km까지 올라가면 검고 아득한 우주에서 푸른 지구를 바라볼 수 있고 무중력 상태도 경험할 수 있습니다. 베조스의 투자 덕분에 우주여행 시대가 성큼 다가왔으며, 머지않아 수많은 사람이 지구를 잠시나마 벗어날 수 있게 될 것입니다.

차가운 마음의 경영자

아마존은 미국 소비자들에게 가장 사랑받는 회사 중 하나입니다. 소비자로서는 최저가에 상품을 판매하는 아마존이 가장 정직한 기업이기 때문입니다. 게다가 아마존 창업주 베조스는 1999년 미국 내 유력 주간지 〈타임〉의 '올해의 인물'로 선정되었으며 2012년에는 경제지 〈포춘〉이 선정한 '올해의 기업인'으로 뽑힐 정도로 뜨거운 찬사를 받는 인물입니다.

제프 베조스

배조스는 인터넷 공간을 상품 거래의 장으로 만든 공로자이며 끊임없는 가격파괴를 통해 소비자에게 이익을 가져다준 경영인입니다. 그는 장기적인 안목에서 회사를 이끄는 경영자로 시대를 앞서가는 회사 성장 지침을 만들고, 주변의 시선에 개의치 않고 목표를 향해 나아가는 불굴의 경영인이기도 합니다.

한편 베조스는 혁신의 아이콘으로 찬사를 받는 동시에 수단과 방법을 가리지 않고 돈 버는 일에만 집착한다는 불명예도 함께 따라다니는 사람이기도 합니다. 2015년 8월 뉴욕타임스가 '가혹한 직장 아마존'이라는 제목으로 아마존 내부의 실태를 폭로하는 특집 기사를 내보내면서 베조스에 대한 논쟁이 불붙었습니다. 뉴욕타임스 기자들은 6개월 동안 100여 명의 전·현직 아마존 임직원을 만나 회사의 실태에 관한 충분한 자료를 수집했습니다. 직원들은 베조스가 직원을 사람이 아닌 로봇처럼 취급한다고 말했습니다. 그는 "경영효율을 높이고 회사의 이익을 증대하기 위해서라면 언제든지 노동자를 로봇으로 대체하겠다."라고 발언하며 사람보다는 경영효율을 중시했습니다. 실제로 기계가 할 수 있는 일이라면 사람을 해고하고 로봇으로 대체해 왔습니다.

아마존 직원들은 베조스가 자신들을 '아마봇아마존 로봇'처럼 취급한다고 말하며 불만을 토로했습니다. 물류 창고 직원들은 "화장실 가는 시간도 정해져 있었고 관리자가 끊임없이 직원들의 일거수일투족을 감시해 숨이 막힐 지경이었다."라고 말했습니다. 본사에서 근무하는 사무직 직원도 힘들기는 마찬가지였습니다. 본사 소속 한 여직원은 출산을 앞두고 쌍둥이를 유산하는 일을 겪은 후 상사에게 출장일자를 연기해 달라고 부탁했지만 거절당하고 말았습니다.

또 직원들 간의 공개비판을 권장하고 상관에게 동료의 근무 태만을 신고할 수 있도록 시스템을 갖춰 놓아 서로 감시하는 살벌한 분위기를 만들었습니다. 이처럼 아마존에 부정적인 기사가 뉴욕타임스를 통해 만천하에 공개되자, 베조스는 "직원들의 말은 사실이 아니다." 라고 주장하며 정정 기사를 내보내 줄 것을 강력하게 요청했습니다. 하지만 뉴욕타임스는 오랜 기간에 걸쳐 사실 확인을 마친 기사들만을 내보냈기 때문에 정정할 것이 없다고 맞받아쳤습니다.

아마존은 일하기 힘든 직장입니다. 2013년 12월, 크리스마스 대목을 앞둔 아마존 직원들이 임금 인상과 근로시간 단축 등 처우 개선을 요구하며 파업에 나섰을 정도입니다. 베조스는 소비자들이 인터넷으로 손쉽게 쇼핑을 할 수 있게 만든 혁신적인 기업인이지만, 사람에 대한 따뜻한 마음이 부족한 지도자라는 평가가 이어졌습니다.

베조스의 기부

2018년, 미국의 시어스Sears 백화점이 문을 닫았습니다. 1925년 시카고에 첫 번째 백화점을 연 시어스는 눈부신 성장을 거듭해 3,500개가 넘는 매장을 보유하며 미국 최대 소매업체로 명성을 떨쳤습니다. 시어스는 업계 최초로 자가용 운전자를 위해 대형주차장을 완비

하고 상품이 마음에 안 들면 전액을 환불해 주는 등 파격적인 전략을
선보인 기업이었습니다. 많은 고객 덕분에 엄청난 돈을 벌어들인 시
어스는 1974년 본거지인 시카고에 당시로서는 최고층 빌딩인 110층
짜리 시어스타워Sears Tower를 짓기도 했습니다.

하지만 아마존의 등장과 함께 시어스는 몰락하기 시작해 2018년,
결국 법원에 파산신청을 하는 처지가 되었습니다. 같은 해 아마존은
시가총액이 1조 달러를 넘어서며 미국 최대의 기업으로 등극했습니
다. 창업주인 베조스는 재산이 1,600억 달러를 넘어서며 빌 게이츠를
누르고 세계 최대의 갑부가 되었습니다.

시어스 백화점이 문 닫은 후 개최된 임직원 회의에서 직원 한 명이
베조스를 향해 "시어스가 파산한 것에 대해 어떻게 생각하는가?"라
는 질문을 했습니다. 그러자 베조스는 "대기업의 수명은 고작 30년

정도다. 당연히 아마존도 망한다. 우리가 그날을 늦추기 위해 할 수 있는 것은 철저하게 고객 위주로 생각하는 것이다. 내부 문제에 신경 쓰느라 외부환경의 변화를 감지하지 못하면 더 빨리 망한다."라고 대답했습니다. 이처럼 베조스는 아마존이 전성기를 달릴 때도 미래의 변화에 대해 촉각을 곤두세우고 있습니다.

그동안 베조스는 회사 일에 몰두하느라 사회적 약자를 돕는 기부 활동에 거의 나서지 않았습니다. 이로 인해 탐욕스러운 기업인으로 낙인찍혀 여론의 따가운 시선을 받았지만 그는 크게 개의치 않았습니다.

2010년, 미국의 억만장자인 빌 게이츠와 워런 버핏은 전 세계 억만장자들을 대상으로 재산의 절반 이상을 사회에 환원하자는 '기부서약 운동'을 벌였습니다. 미국, 영국, 캐나다, 대만, 브라질 등 22개국 부호들이 흔쾌히 기부서약을 했지만 미국의 5대 부호 중 유일하게 베조스만이 서약을 거부했습니다.

사실 석유왕 존 록펠러나 마이크로소프트의 빌 게이츠

시애틀에 있는 아마존 본사

등 미국의 존경받는 부자들 모두가 직원을 아끼고 거래 회사와 좋은 관계를 유지한 것은 아니었습니다. 이들 역시 수탈에 가까운 가혹한 경영방식으로 수많은 비난을 받았지만, 축적한 부를 과감히 사회에 환원했기 때문에 결과적으로 사람들의 존경을 받을 수 있었습니다.

그동안 남들의 평가에 관심 없던 베조스는 2018년 '데이원펀드Day1 Fund'를 출범시켰습니다. 데이원Day1이란 베조스가 사업을 시작한 첫날 가졌던 열정을 의미합니다. 그는 20억 달러의 돈을 내어 데이원펀드를 만들고 앞으로 열정적으로 남을 돕겠다고 선언하면서, 집이 없는 가정과 돈이 없어 교육을 받지 못하는 빈민층을 위해 헌신하겠다고 말했습니다.

그런데 사람들의 평가가 갈렸습니다. 일부는 일과 돈밖에 모르던 베조스의 변화를 긍정적으로 받아들였지만, 일부는 기부금액이 너무 적다는 지적을 했습니다. 그동안 빌 게이츠나 워런 버핏 같은 대부호는 수백억 달러에 달하는 돈을 흔쾌히 기부했으나 세계 최고의 부자인 베조스는 이보다 훨씬 적은 20억 달러밖에 내놓지 않았기 때문입니다. 사실 20억 달러는 결코 적은 돈이 아니지만, 그동안 베조스에 대한 이미지가 그다지 좋지 않아서 생긴 반응입니다.

베조스는 맨손으로 시작해 끝없는 열정과 노력으로 세계 최고의 억만장자로 자수성가한 입지전적 인물입니다. 그렇지만 성격이 냉정하고 기부에 적극적이지 않아 미국인들로부터 많은 사랑을 받지 못하는 인물이기도 합니다.

★

우주식민지 개척의 기초를 닦는 제프 베조스

1969년 7월, 아폴로 11호가 인류 최초로 달 착륙에 성공한 이후 미국 정부의 우주 개발 욕구는 점차 작아져만 갔다. 1972년 12월에 아폴로 17호에 탄 세 명의 우주인이 달에 발을 내딛는 것을 마지막으로 더 이상 인간은 달에 가지 못했다. 그런데 2019년 제프 베조스가 '블루문 Blue Moon'이라는 달착륙선을 공개하면서 사람들의 관심을 끌었다.

어릴 적부터 우주를 동경한 베조스는 학창 시절 NASA 미 우주항공국를 견학할 기회를 얻었다. 그곳에서 엄청난 규모의 로켓을 보면서 언젠가 자신이 만든 로켓을 타고 우주여행을 하겠다고 다짐했다. 고등학교 졸업식 날 졸업생 대표로 연설을 하게 된 베조스는 "저는 언젠가 수백만 명의 지구인이 살 수 있는 거주지를 우주에 만들 것입니다. 우주식민지에는 호텔, 놀이동산 등 다양한 휴양시설을 만들어 지구인들이 아무 불편 없이 지내도록 할 것입니다."라고 말했다. 졸업식 분위기와 전혀 어울리지 않는 베조스의 뚱딴지같은 연설은 졸업식에 참석한 사람들을 어리둥절하게 만들었다.

훗날 부자가 된 베조스는 우주산업으로의 진출을 선언하고 '블루오리진Blue Origin'이라는 회사를 세웠다. 주변 사람들은 우려의 눈길을 보냈다. 그가 로켓개발에 관한 경험이 전혀 없었기 때문이다. 게다가 우주산업에는 천문학적인 돈이 필요했다. 베조스는 기술력 부족으로 해마다 수억 달러의 적자를 감당해야 했다.

베조스는 블루오리진이 적자에 시달리자 자신이 소유한 아마존 주식을 팔아서 회사 운영자금을 충당했다. 그가 밑 빠진 독에 물 붓기 식으로 끊임없이 돈을 쏟아붓자 기자들이 그 이유를 물었다. 그는 "우주산업에 해마다 막대한 돈을 투자하는 것은 소년 시절부터 가슴에 품어 온 꿈을 실천에 옮기는 것이다. 또 앞으로 우주산업에 발을 들여놓을 후배를 위해 기반을 다지는 것이다."라고 대답했다.

우주식민지 건설에 대한 베조스의 집념은 마침내 결실을 맺었다. 2019년, 블루오리진은 달착륙선 개발에 성공했고 2024년까지 지구인을 달로 보낼 계획을 갖고 있다.

베조스는 "달은 지구와 가장 가깝고 땅속에 물이 존재할 가능성이 많기 때문에 우주식민지로 가장 적합하다."라고 주장한다. 게다가 달은 태양으로부터 엄청난 양의 빛을 받기 때문에 태양광발전을 통해 필요한 전기를 손쉽게 생산할 수 있다고 말한다. 이로 인해 화성이 최적의 우주식민지라고 주장하는 스페이스엑스의 창업자 일론 머스크와 때때로 의견 충돌을 빚고 있다.

달은 지구와 38만km 가량 떨어져 있지만, 화성은 무려 2억km 이상 떨어져 있어 왕복하는 데 몇 년이나 걸린다. 이에 우주식민지로 만들기에는 현실적으로 달이 적합하다고 판단한 베조스는 달착륙선부터 만들었다.

베조스가 우주식민지 개척에 열을 올리는 것은 지구의 인구증가로 인한 자원고갈과 환경파괴가 해마다 심각해지고 있기 때문이다. 베조스는 지구가 수용능력 면에서 한계에 이르렀다고 보고 있다. 그리고 만약 달이나 태양계 행성들을 식민지로 개척하면 최대 1조 명의 인구를 수용할 수 있다고 추산한다. 그는 인구가 늘어나면 천재가 등장할 가능성이 높아지기 때문에, 앞으로 인류 역사에 한 획을 그을 수 있는 아인슈타인 같은 과학자가 대거 등장해 더 좋은 세상을 만들 것이라고 기대하고 있다.

베조스는 우주식민지를 개척하는 거대한 프로젝트를 자신의 생전에 완성할 수 없다고 판단하고 있다. 이에 자신이 열심히 기초를 닦아 놓으면 후세들이 프로젝트를 완성하기를 바라고 있다.

Steve Jobs

디지털 세상을 연

스티브 잡스

세상을 바꿔놓은 IT업계의 거인 (1955 ~ 2011) •

컴퓨터 제조회사 애플의 창업자로서 세계 최초로 개인용 컴퓨터를 만들었다. 회
사 내부의 갈등으로 애플을 떠났지만 다시 경영자로 복귀, 아이맥에 이어 아이
팟, 아이폰, 아이패드 등을 연속적으로 히트시켰다. 또한 온라인 쇼핑, SNS접속,
영화감상, 게임, 교육, 내비게이션 등에도 지대한 영향을 끼쳐 세상의 문화를 바
꿔 놓았다.

버림받은 아이

1955년 샌프란시스코에서 태어난 스티브 잡스Steve Jobs는 시리아 출신의 아버지 압둘파타 존 잔달리Abdulfattah John Jandali와 미국인 어머니 조앤 캐럴 심슨Joanne Carole Simpson의 친자입니다. 그의 아버지는 시리아 명문 가문 출신으로서 미국 위스콘신 대학에서 유학 중 같은 학교에 다니던 심슨과 사랑에 빠졌습니다.

잔달리와 심슨은 결혼을 약속했지만 집안의 반대로 어려움에 처했습니다. 기독교도였던 심슨의 아버지는 딸이 무슬림과 결혼하는 것을 반대했습니다. 남편이 무슬림일 경우 부인도 무슬림으로 개종하는 경우가 많았기 때문입니다.

잔달리의 부모 역시 크리스천 며느리를 들이는 것을 탐탁지 않게 여겼습니다. 시리아에서 부와 명예를 갖고 있었던 잔달리의 부모는 아들이 시리아 명문 가문의 여성과 결혼해 가업을 잇기를 바랐습니다.

심슨은 아버지의 반대 때문에 결혼식도 올리지 못한 채 아이를 낳을 수밖에 없었습니다. 학생 신분이었던 두 사람은 아기를 키울 처지가 못 되자 고심 끝에 입양을 선택했습니다. 심슨은 입양 알선 기관에 아이의 양부모가 될 사람은 대학을 졸업한 고학력자에다 경제적으로도 안정된 사람이어야 한다는 자격 조건을 요구했습니다.

부유한 변호사 부부가 심슨의 아이를 입양하겠다고 나섰으나 입양 절차 마지막 순간에 갑자기 여자아이를 선택하는 바람에 대기자 명단에 있던 폴-클라라 잡스 Paul-Clara Jobs 부부가 아이를 입양하게 되었습니다. 폴 잡스는 고등학교 중퇴 후 군인이 되었고 전역 후에는 생계를 위해 자동차 정비, 할부금 수금원, 부동산 중개 등 닥치는 대로 일하는 서민이었습니다. 클라라 역시 동유럽 이민자의 후손으로 많이 배우지 못했습니다. 두 사람은 결혼 후 9년 동안 아이가 생기지 않아 입양을 선택했습니다.

심슨은 양부모가 대학교육을 받지 못했다는 점이 내키지 않아 입양서류에 서명하기를 거부했습니다. 노동자 계층 부모에게 입양되면 제대로 교육받지 못할 것이라는 생각에 더 나은 가정으로 아이를 입양시키기를 원했습니다. 잡스 부부는 비록 자신들이 많이 배우지는 못했지만 아이는 반드시 대학교육까지 시키겠다고 약속한 후 아이를 데려올 수 있었습니다. 그들은 자신의 아들이 된 아기에게 스티브라는 이름을 붙여주었습니다. 스티브 잡스가 된 아이는 양부모와 새로운 삶을 시작하게 되었습니다.

입양아 잡스

잔달리와 심슨이 아들을 입양 보낸 지 불과 몇 달 만에 심슨의 아버지가 세상을 떠났습니다. 이후 두 사람은 정식으로 결혼하고 입양시킨 아들을 되찾고자 했습니다. 그러나 미국 국내법에 따르면 한 번 입양을 보내면 어떤 경우라도 자식을 되찾을 수 없어서 두 사람은 아들을 데려올 수 없었습니다.

양아버지 폴은 가족의 생계를 위해 중고차를 수리해서 약간의 웃돈을 붙여 되팔았습니다. 또 전자제품을 수리하기도 했는데 하는 일마다 돈벌이가 시원치 않았습니다. 그런데도 양부모는 아들에게 좋은 환경을 제공하기 위해 최선을 다했습니다. 양어머니 클라라는 아들에게 수영을 가르치기 위해 잡일을 하며 돈을 벌었고 좋은 학교에 보내기 위해 이사를 가기도 했습니다.

잡스는 아버지의 영향으로 어릴 적부터 자동차를 비롯해 다양한 전자제품을 접했습니다. 그의 아버지는 아들에게 새롭게 일어나는 전자공학이 무엇인지 알려주기 위해 아들을 NASA로 데려가 당시 최첨단 제품인 컴퓨터를 보여주었습니다.

하지만 친부모에게 버림받았다는 사실은 어린 시절 스티브 잡스에게 적지 않은 상처를 주었습니다. 그의 나이 일곱 살 무렵 옆집에 살던 여자아이가 "너의 부모는 널 원하지 않아서 버린 거야."라고 말하자 충격을 받은 잡스는 눈물을 펑펑 흘리며 집으로 돌아왔습니다. 양부모는 잡스를 끌어안으며 "사실은 그게 아니란다. 너는 부모에게 버림받은 것이 아니라 우리에게 특별한 선택을 받은 아이란다."라고 말하며 잡스를 위로했습니다.

옆집 여자아이 때문에 잡스는 자신이 입양아라는 사실을 일찍 알게 되었지만, 양부모의 사랑을 받으며 살았습니다. 양부모는 많이 배우지 못하고 넉넉하지도 않았지만 잡스에게 어떤 부모보다 많은 사랑을 준 자애로운 사람들이었습니다.

사고뭉치 어린 시절

학창 시절 잡스는 한마디로 사고뭉치였습니다. 인자한 양부모와 달리 독선적이고 모난 성격으로 인해 학생뿐만 아니라 선생님과도 수시로 충돌했습니다. 담임선생님은 사탕을 비롯해 용돈까지 주었지만, 잡스는 교사의 말을 듣지 않았습니다. 잡스가 학교에서 급우들에게 따돌림을 받자 양부모는 아들을 위해 이사를 가기도 했습니다. 그러나 소용없었습니다.

잡스는 주변 사람들과 인간관계가 원만하지는 않았지만 비상한 머리를 가졌습니다. 초등학교 4학년 때 담임선생님이 그의 비범함을 알아보고 6학년으로 월반시켰을 정도로 그에게는 천재성이 있었습니다. 양부모가 크리스천이었기 때문에 잡스도 어릴 때부터 교회에 다녔습니다. 그는 일요일마다 주일학교에 다니면서 성경을 배웠습니다. 그러나 호기심과 의심이 많았던 잡스에게 성경 말씀을 무조건 믿으라는 주일학교는 질색이었습니다.

잡스는 열세 살 때 우연히 잡지에서 굶어 죽은 아프리카 어린이들의 사진을 보게 되었습니다. 그는 주일학교 교사인 목사에게 "내가

만약 다섯 손가락 중 하나를 들어
올린다면 신은 내가 어느 손가락을
올릴지 미리 알고 계시나요?"라고
물었습니다. 그러자 목사는 "물론
알고 계신다."라고 대답했습니다.

어린 시절의 스티브 잡스

잡스는 다시 목사에게 신이 잡지
에서 본 굶주리는 아프리카 아이들
도 알고 있는지 물었습니다. 목사
는 "나이 어린 네가 이해하기는 힘
들겠지만 신은 모든 것을 알고 계신다."라고 대답했습니다. 잡스는
신이 정말로 살아 있고 모든 것을 알고 있다면 굶어 죽는 아이들을
내버려두지 않을 거라고 생각했습니다. 이 일을 계기로 잡스는 교회
를 다니지 않게 되었습니다.

한 학기 만에 그만둔 대학교

잡스는 고등학교 졸업반이 되자 대학을 선택해야 했습니다. 그가
살던 캘리포니아주에는 스탠퍼드 대학을 비롯해 버클리대, UCLA대,
캘리포니아 공대 등 유수의 명문대학이 많았지만, 잡스는 오리건주
에 있는 사립대학인 리드칼리지Reed College를 선택했습니다. 양부모는
내심 아들이 학비가 싼 주립대학에 입학하기 바랐지만, 잡스는 리드
칼리지를 고집했습니다. 양부모는 입양 당시 생모와 한 약속을 지키

문과·이과 융합교육을 실천하는 리드칼리지

기 위해 아들의 선택을 따랐습니다.

리드칼리지는 하버드나 스탠퍼드처럼 유명한 대학은 아니지만 우수한 학생들이 많은 알짜배기 대학이었습니다. 또 문과와 이과의 구분을 두지 않고 인문학과 이공계 공부를 모두 시키는 독특한 교육과정을 두고 있었습니다. 잡스는 문과와 이과를 결합하는 융합형 인재를 양성하는 교육과정이 마음에 들어 리드칼리지를 선택했지만, 문제는 돈이었습니다.

리드칼리지는 학생 수가 2,000명도 채 되지 않는 작은 학교이기 때문에 다른 학교에 비해 학비가 비쌌습니다. 양부모가 아들의 한 학기 등록금을 대기 위해 그동안 모아둔 돈을 다 써야 했을 정도로 잡스의 가정형편과 어울리지 않는 학교였습니다. 양부모가 학비로 고민하자 잡스는 한 학기 만에 스스로 학교를 그만두어야 했습니다.

하지만 공부에 대한 아쉬움이 컸던 잡스는 자퇴하더라도 당분간

남을 수 있도록 학교 측에 부탁했습니다. 학교 역시 공부하고 싶다는 학생을 내쫓을 수 없어 원할 때까지 기숙사에 머무르면서 수업을 들을 수 있도록 기회를 주었습니다. 덕분에 그는 18개월 동안 기숙사에 머물면서 원하는 과목을 수강했습니다. 이후 학교에서 나온 그는 너무나 가난해서 친구 집을 전전하며 콜라병을 주워 파는 일을 했습니다. 무료 급식소를 찾아다니며 배고픔을 해결하기도 했습니다.

불교 신자가 된 잡스

잡스가 대학을 중퇴하고 세상에 나온 1970년대 초반, 미국은 혼란의 시대였습니다. 1960년대 미국 정부가 사회주의의 확산을 막는다는 대의명분을 내세우면서 베트남전쟁에 발을 담그자 젊은 층을 중심으로 반전운동이 벌어졌습니다. 젊은이들은 기성세대가 만들어 놓은 사회구조에 대해서도 반감이 있었습니다. 그들은 기성의 사회통념이나 가치관을 부정하고 억압에서 벗어나 자유로운 생활양식을 추구하며 함께 모여 살기도 했습니다. 이들을 두고 히피hippie라고 합니다.

히피 공동체에 들어간 잡스는 그동안 누리지 못한 자유를 만끽했습니다. 하지만 히피 공동체에서 마약을 하는 등 무절제한 삶이 계속되자 그의 마음속에는 공허함이 밀려들었습니다. 정신적으로 방황하던 잡스는 우연히 히피 공동체 인근에 있던 불교 사원을 방문하면서 인생의 전환점을 맞이했습니다. 그는 사원에서 오토가와 고분이라는 일본인 승려를 만나 불교의 세계를 알게 되었습니다.

원래 불교는 동양 종교이지만 1970년대 미국 젊은이 중에 불교에 심취한 사람이 적지 않았습니다. 살생을 금지하고 명상을 통해 마음의 평화를 추구하는 불교는 피비린내 나는 베트남전에 지친 젊은이들에게 신선한 충격이었습니다. 잡스는 매일 불교 사원을 들러서 오토가와 고분 선사*로부터 불교 교리를 배우고 명상을 하면서 마음의 안정을 찾았습니다.

1974년 2월, 열아홉 살이 된 잡스는 히피생활을 접고 사회로 진출했습니다. 그의 첫 직장은 미국 최대의 비디오게임 개발회사인 아타리ₐₜₐᵣᵢ였습니다. 대학 졸업장이 없었던 잡스는 정상적인 방법으로는 아타리에 입사할 수 없음을 알고 무작정 회사를 찾아갔습니다. 본사 로비를 지키던 직원이 예약도 없이 불쑥 찾아온 그를 막아서자 잡스는 "이 회사에 취업시켜 주지 않으면 절대로 나가지 않겠다."라고 소리 지르며 소란을 일으켰습니다. 아타리 직원이 188cm의 큰 키에 건

비디오게임기 아타리

---

* 불교의 출가 수행자.

장한 체격의 잡스를 문밖으로 쫓아내지 못하자 소란은 계속되었습니다.

그때 우연히 이 장면을 목격한 인사담당 간부가 잡스의 용기를 가상히 여겨 그를 직원으로 채용했습니다. 잡스는 야간 근무자가 되어 게임개발에 참여했지만 이내 싫증을 느꼈습니다. 그는 삶의 의미를 깨닫기 위해 회사를 그만두고 불교가 시작된 인도를 방문해 7개월 동안 인도 전역을 돌면서 마음 수련을 했습니다. 불교 승려처럼 머리를 깎고 승려 복장으로 고행하다가 미국으로 돌아왔습니다.

공항에 마중 나온 양부모가 머리를 삭발하고 햇볕에 피부가 검게 그을린 아들을 못 알아볼 정도로 잡스는 인도에서 힘든 여정을 보냈습니다. 그는 정신적 스승인 오토가와 고분 선사에게 일본으로 가서 승려가 되고 싶다는 희망을 밝혔습니다. 선사는 "승려가 되지 말고 미국에 남아 세상을 바꿀 사업가가 되라."는 조언을 했습니다.

스티브 잡스의 정신적 스승 오토가와 고분

스승의 조언에 따라 잡스는 승려가 되려는 마음을 접고 세상을 바꿀 사업가가 되기로 결심했습니다. 이후로도 잡스는 오토가와 고분 선사를 수시로 만나 가르침을 받았습니다. 1991년 잡스가 로렌 파월Laurene Powell과 결혼할 때 주례를 선 사람도 오토가와 고분 선사였습니다. 결혼식은 목탁 소리와 향냄새가 은은히 퍼지는 가운데 치러졌습니다. 오토가와 고분 선사는 2002년 세상을 떠날 때까지 잡스의 진정한 스승으로 그의 정신세계에 절대적인 영향을 미쳤습니다.

스티브 워즈니악과의 만남

1950년, 스티브 워즈니악Steve Wozniak은 캘리포니아의 폴란드 이민자 가정에서 태어났습니다. 그의 아버지는 전자공학 분야에서 두각을 나타낸 일류 엔지니어로서 세계적인 방위산업체 록히드Lockheed Corporation에서 최첨단 미사일 개발 업무를 담당했습니다. 아버지는 자신이 하는 일이 일급비밀이었기 때문에 아들에게조차 말하지 않았습니다. 그렇지만 전자공학에 큰 관심이 있었던 아들의 스승이 되어 함께 갖가지 실험을 하며 전자공학의 원리를 가르쳐 주었습니다.

유능한 엔지니어 아버지 덕분에 워즈니악은 전자공학에 일찍 눈을 떴습니다. 창의성이 남달랐던 워즈니악은 끊임없이 새로운 것을 만들어 내며 주변 사람들을 놀라게 했습니다. 고등학교 때는 재미삼아 가짜 폭탄을 만들었는데 너무 정교한 나머지 진짜 폭탄으로 오해받아서 경찰에 체포되기도 했습니다.

워즈니악은 내향적인 성향으로 특히 무엇인가를 만들 때는 남들과

세계 최초의
개인용 컴퓨터를 개발한
스티브 워즈니악

일절 접촉하지 않고 혼자 모든 일을 했습니다. 공부도 잘한 그는 특히 수학과 과학 과목에서 탁월했습니다. 미국 대학입학시험SAT에서 수학 과목을 만점 받았고 각종 과학 경시대회에서 대상을 휩쓸기도 했습니다. 명문 버클리 대학교 컴퓨터 공학과에 진학한 워즈니악은 도중에 학업을 중단하고 미국 굴지의 컴퓨터 회사인 휴렛팩커드HP에 취업해 전자계산기 만드는 일을 했습니다.

1971년 당시 고등학생이었던 잡스는 방학 동안 휴렛팩커드에서 일을 하게 되었습니다. 이때 잡스는 고등학교 선배인 워즈니악과 알게 되었습니다. 잡스는 아버지의 영향으로 어릴 적부터 온갖 전자제품을 만져보았기 때문에 자신이 이 분야에서 최고라고 생각했지만, 워즈니악을 만나는 순간 착각이라는 것을 알게 되었습니다. 그는 전자공학에 관해 워즈니악의 적수가 되지 못했습니다. 두 사람은 다섯 살의 나이 차이에도 불구하고 전자공학이라는 공통분모로 더욱 가까워질 수 있었습니다.

한번은 워즈니악이 국제전화를 무료로 할 수 있는 불법 장치인 '블루박스'를 만들었습니다. 잡스는 블루박스를 보자마자 돈벌이가 될 것임을 알고 이를 필요로 하는 사람을 찾아 150달러에 팔았습니다. 이 점이 바로 워즈니악과 잡스의 차이였습니다. 워즈니악은 새로운 것을 만드는 데 재주가 있었고 잡스는 어떤 것이 시장에서 팔릴지 아는 사업가 기질을 갖고 있었습니다.

애플의 탄생

미국 최초의 컴퓨터인 에니악ENIAC이 1946년에 등장한 이후 컴퓨터의 성능은 나날이 향상되었지만, 그때까지도 컴퓨터는 국가기관이나 연구소, 대기업 등 특정한 곳에서 업무용으로만 활용되었습니다. 업무용 컴퓨터는 크기가 집채만 해 가정에는 들일 수 없었고 가격도 개인이 감당할 수 없을 정도로 비쌌습니다.

하지만 컴퓨터 한 대만 있으면 수많은 사람이 하는 일을 처리할 수 있어서 시간을 크게 절약할 수 있었습니다. 오래전부터 PC(개인용 컴퓨터)를 만들고 싶었던 워즈니악은 그가 다니던 휴렛팩커드에 PC를 만들 것을 제안했습니다. 워즈니악의 제안은 시대를 앞서가는 생각이었지만 상관들은 그의 소리에 귀를 기울이지 않았습니다.

잡스는 PC가 돈이 될 사업이라는 점을 직감하고 워즈니악에게 동업을 제안했습니다. 사실 잡스의 기술력은 워즈니악에 비하면 뒤떨어졌지만, 워즈니악은 잡스의 사업가 기질을 높이 평가해 후배이자

애플 로고

친구인 잡스와의 동업을 결심했습니다. 워즈니악은 창업하면서 자신은 오직 제품 개발 업무만 담당할 것임을 선언했습니다. 잡스도 이를 흔쾌히 받아들였습니다.

1976년 잡스는 부모님의 집 차고에서 워즈니악, 론 웨인Ronald G Wayne과 함께 컴퓨터 제조회사 '애플Apple'을 공동 창업했습니다. 론 웨인은 창업한 지 얼마 안 되어 회사를 떠났기 때문에 사실상 애플은 잡스와 워즈니악의 공동작품이었습니다. 두 사람은 가지고 있던 자동차나 옷가지 등을 모두 팔아 PC를 만들 돈을 마련했습니다.

같은 해 4월 1일, 워즈니악은 세계 최초의 PC인 '애플 I '을 개발했습니다. 애플 I 은 키보드와 디스플레이 장치를 갖춘 PC로서 PC시

1976년 개발된 애플 I

1977년 개발된 애플 II

대를 연 기념비적 작품이었습니다. 애플 I 은 워즈니악이 수작업으로
만들었기 때문에 외관은 조악하지만 키보드를 누르면 화면에 글자가
뜨는, 당시로서 혁신적인 제품이었습니다.

대량생산을 할 수 있는 공장도 없고 인력도 없는 상황에서 워즈니
악과 잡스는 수작업으로 애플 I 을 만들었습니다. 애플 I 은 550달러
의 비싼 가격에도 200여 대나 팔려 나갔습니다. 두 사람은 부품값을
빼고도 8,000달러의 이익을 남겼습니다. 워즈니악은 더욱 뛰어난 성
능의 PC개발에 나서 이듬해인 1977년 '애플 II'를 세상에 내놓았습
니다. 애플 II 는 처리속도가 10배나 향상되었고 컬러 모니터를 채택
해 이전 제품보다 훨씬 뛰어난 성능을 자랑했습니다.

애플 I 은 나무를 잘라 PC케이스를 만들었기 때문에 다소 엉성한
모습이었지만 애플 II 는 플라스틱 케이스를 사용해 깔끔했습니다. 애

플Ⅱ는 애플Ⅰ보다 가격이 두 배나 비쌌지만 가격 대비 성능이 뛰어나 날개 돋친 듯 팔려 나갔습니다. 애플Ⅱ가 예상을 뛰어넘는 인기를 얻자 두 사람은 큰 부자가 되었습니다. 그들은 밀려드는 주문을 소화하기 위해 공장도 세우고 종업원도 고용하면서 애플을 회사다운 모습으로 만들어 나갔습니다.

떠나가는 워즈니악

잡스와 워즈니악의 의기투합 속에 탄생한 애플은 애플Ⅱ의 대성공으로 하루가 다르게 사세를 확장해 나갔습니다. 두 사람은 20대의 젊은 나이에 수천 명의 직원을 둔 억만장자가 되었고, 애플은 역사상 처음으로 개인용 컴퓨터를 만든 회사로서 전 세계 언론의 주목을 받았습니다.

그러나 1981년 2월 워즈니악이 사고를 당하면서 애플에 위기가 찾아왔습니다. 워즈니악은 취미활동으로 경비행기를 타다가 기체 고장으로 추락하는 사고를 당했습니다. 그는 다행히 목숨을 구할 수 있었지만 사고 여파로 기억상실증에 시달리게 되었습니다. 자신이 누군지도 모르고 병원에 왜 누워있는지조차 모를 정도로 심각한 상태였습니다. 시간이 흐른 후 기억이 돌아왔지만 워즈니악의 능력은 예전만 못했습니다. 추락 사고로 큰 충격을 받은 워즈니악은 회사로 복귀하지 않고 대학으로 돌아가 다시 공부를 시작했습니다.

세계 최초의 PC는 워즈니악이 만들었지만, 잡스의 작품으로 아는 경우가 많습니다. 내성적이었던 워즈니악이 언론에 등장하는 것을 매우 꺼렸기 때문입니다. 주변의 관심을 받는 것을 좋아했던 잡스가 워즈니악 대신 언론에 수시로 등장하면서 모든 영광을 차지했습니다. 그러나 워즈니악은 애플을 내부에서 든든히 가꿔 나간 사람이었습니다.

한 가지 사례로, 1980년 애플이 나스닥에 상장되자 워즈니악과 잡스를 비롯해 애플의 주식을 갖고 있던 임직원들은 많은 돈을 벌게 되었습니다. 하지만 뒤늦게 애플에 합류한 직원들은 자사주*를 갖고 있지 않아 아무런 이익을 보지 못했습니다. 이들을 안타까워한 워즈니악은 자신의 주식을 자사주가 없는 직원들에게 헐값에 나눠 주어 금전적인 부분에서 소외되는 사람이 없도록 했습니다.

워즈니악이 자리를 비우자 애플의 기술력은 예전만 못해졌습니다. 게다가 1981년 8월, 오랜 기간 기업용 컴퓨터에서 앞서가던 IBM**이 PC시장에 진출하면서 상황이 바뀌기 시작했습니다. 처음에는 IBM의 진출을 대수롭지 않게 여겼습니다. 오히려 잡스는 'IBM의 시장 진출을 환영한다.'라는 광고를 내보내는 호기를 부리기도 했습니다. 잡스는 IBM이 애플의 기술력을 따라올 수 없다고 생각했지만

---

* 자기가 소속된 회사의 주식.
** 미국의 기술 컨설팅 회사로 중대형 컴퓨터 개발을 선도했다.

IBM은 만만한 회사가 아니었습니다. IBM의 경영진은 다른 회사에서 만든 소프트웨어와 주변 기기도 자사 컴퓨터에서 작동되도록 개방형 운영체제를 만들어 후발주자라는 불리함을 극복해 나갔습니다. 반면 잡스는 자신이 승인한 업체만 애플용 소프트웨어를 만들 수 있도록 제한했습니다.

게임이나 응용소프트웨어를 만드는 기업들은 애플보다 진입장벽이 낮은 IBM으로 몰리기 시작했습니다. 시간이 흐를수록 IBM PC에서 작동하는 소프트웨어와 주변 기기는 많이 생겼지만, 애플Ⅱ로 구동할 수 있는 소프트웨어는 얼마 되지 않았습니다. 즉, 하드웨어의 성능 면에서 애플이 앞섰지만 활용할 수 있는 소프트웨어에서 IBM에 밀리면서 애플의 인기는 점차 시들해졌습니다.

애플의 문제는 구동될 수 있는 소프트웨어가 부족하다는 점이었지만 잡스는 오히려 하드웨어 성능을 크게 높인 '애플Ⅲ'를 시장에 내놓으며 전세를 역전시키고자 했습니다. 애플Ⅲ는 실패를 면치 못했고 잡스의 명성에 흠집을 냈습니다.

하드웨어 성능을 크게 높인 애플Ⅲ

파렴치한으로 몰린 잡스

스티브 잡스와 크리산 브레넌Chrisann Brennan은 고등학교 때부터 연인 사이였습니다. 1978년 브레넌은 잡스의 딸을 낳았는데 이름을 리사Lisa라 지었습니다. 잡스는 브레넌이 자신의 딸을 낳은 사실을 알고 있었지만 사업에 성공하자 리사의 존재를 부정했습니다.

세계 최초로 PC를 세상에 내놓고 위대한 인물로 칭송받던 잡스는 혼외자를 인정할 경우 자신의 이미지에 먹칠하게 될 것이 두려워 사실을 인정하지 않았습니다. 잡스에게 버림받은 브레넌은 생계를 위해 청소부, 식당 종업원 등 닥치는 대로 일했습니다. 한곳에 정착하지 못하고 일자리를 따라 이동하는 바람에 모녀는 오리건주 시골에서 멕시코까지 이사를 다녔습니다.

브레넌은 잡스가 리사를 자식으로 인정하지 않자 1980년 친자확인 소송을 제기했습니다. 법원이 유전자 검사를 실시한 결과 리사가 잡스의 딸인 것이 과학적으로 증명되었습니다. 법원은 잡스에게 리사가 성인이 될 때까지 양육비를 지원하고 한 달에 한 번씩 딸과 만나라는 판결을 내렸습니다.

하지만 잡스는 "나는 유전자 검사 결과를 믿지 않는다."라며 리사가 자신의 딸인 것을 부정했습니다. 1980년은 애플이 주식시장에 상장된 해로서 당시 25세였던 잡스는 2억 달러 이상의 자산가였습니다. 그는 미국 역사상 최연소 억만장자였지만, 모녀에게 매달 500달러의 양육비만 보내고 한 달에 한 번만 모녀가 사는 집을 방문해 리사와

함께 놀아주었습니다.

어느 날 브레넌이 평소 마음에 두고 있던 집을 사달라고 잡스에게 부탁하자 그는 그 집을 보러 가자고 했습니다. 집을 보고 난 잡스는 아름답다는 말만 하고 사 주지는 않았습니다. 이후 잡스는 브레넌 몰래 그 집을 구입한 후 아내 로렌 파월과 함께 그곳에서 살았습니다.

잡스는 리사를 만나러 올 때마다 최고급 스포츠카를 몰고 왔습니다. 그는 차에 조금이라도 흠이 생기면 새 차로 바꾸었습니다. 리사가 잡스에게 "흠집이 생긴 차를 우리에게 주면 안 되나요?"라고 묻자 잡스는 "절대 안 돼, 넌 아무것도 못 받아."라고 말했습니다. 이처럼 잡스는 비정한 아버지였지만 외부로 비밀이 새어나가지 않도록 철저히 통제했습니다.

1982년 미국의 저명한 시사주간지 〈타임〉은 스티브 잡스를 '올해의 인물'로 선정하기로 했습니다. 타임지에 올해의 인물로 실린다는 것은 세계적인 인물이 되었음을 알려주는 큰 영광입니다. 하지만 잡스의 혼외자 이야기가 언론을 타며 세상을 시끌벅적하게 하자 〈타임〉은 그를 올해의 인물로 선정하지 않았습니다. 대신 애플 컴퓨터가 올해의 인물로 지정되는 일이 벌어졌습니다. 언론은 부모로부터 버림받은 고통을 누구보다 잘 아는 잡스가 자식을 버렸다며 비판을 쏟아냈고 그는 파렴치한으로 몰렸습니다. 결국 혼외자 문제는 잡스의 인생에서 지울 수 없는 오점으로 남게 되었습니다.

존 스컬리 영입

워즈니악이 떠나고 혼외자 문제가 불거져 잡스가 곤경에 몰리자 애플은 예전의 활기를 잃기 시작했습니다. 게다가 그가 의욕을 갖고

펩시콜라에서 영입한 경영자 존 스컬리

새롭게 출시하는 제품마다 연달아 실패하면서 위기감이 최고조에 달했습니다. 잡스는 당면한 문제를 풀어나갈 수 있는 최고의 전문경영인을 영입하기로 했습니다. 당시 미국에서 손꼽히는 전문경영인은 펩시콜라의 사장 존 스컬리John Sculley였습니다.

1939년 부유한 가정에서 태어난

스컬리는 아이비리그 명문대학 중 하나인 브라운 대학을 졸업하고 미국 최고의 경영대학원으로 손꼽히는 와튼스쿨에서 공부한 엘리트였습니다. 1967년 그는 첫 직장으로 펩시콜라에 입사했는데, 당시에는 파격적인 일이었습니다. 펩시는 오랜 기간 콜라의 원조인 코카콜라에 밀려 고전을 면치 못했기 때문입니다. 코카콜라는 90% 이상의 시장점유율을 보이며 탄산음료 시장을 석권하고 있었습니다. 명문대학을 졸업한 인재들은 언제 망할지 모르는 펩시에 가는 것을 꺼렸지만 스컬리는 오히려 출세의 기회로 생각해 펩시에 입사했습니다.

스컬리는 입사한 지 3년 만에 능력을 인정받아 마케팅을 총괄하는 부사장으로 승진했습니다. 마케팅에 재능이 있던 스컬리는 중요한 광고매체로 부상하고 있던 TV를 이용해 펩시의 부정적인 이미지를 없애 나갔습니다. 당시 세계적으로 선풍적인 인기를 끌던 마이클 잭슨Michael Jackson을 모델로 출연시키면서 많은 화제를 불러일으켰습니다.

광고 속에 등장한 마이클 잭슨은 수많은 어린이와 함께 춤을 추었습니다. 마치 한 편의 뮤직비디오를 보는 것 같을 정도로 완성도가 높은 광고였습니다. 톱스타 마이클 잭슨 덕분에 항상 5~6%대를 맴돌던 시장점유율이 단번에 두 자릿수로 올라갔습니다.

스컬리의 성공신화는 이것으로 끝나지 않았습니다. '펩시는 코카콜라보다 맛이 없다.'라는 선입견을 없애기 위해 블라인드 테스트Blind

^{Test} 광고를 내보냈습니다. 테스트는 사람들의 눈을 가리고 펩시와 코카콜라를 마시게 한 뒤 맛이 좋은 콜라를 고르는 방식으로 진행되었습니다.

블라인드 테스트 결과 코카콜라보다 펩시를 맛있다고 선택한 경우가 더 많았고 이 장면을 광고에 담아 세상에 알렸습니다. 광고를 통해 스컬리는 펩시콜라가 맛없다는 것은 선입견에 불과하다는 사실을 알리고자 했습니다.

스컬리의 광고 덕분에 펩시콜라의 시장점유율은 하루가 다르게 상승해 코카콜라를 위협하기에 이르렀습니다. 망해가던 펩시를 반석 위에 올려놓은 성공담이 미국을 비롯해 전 세계에 알려지면서 스컬리는 당대 가장 위대한 경영자 중 한 사람이 되었습니다.

잡스는 펩시에 혁신의 바람을 불어넣었던 스컬리를 영입하기 위해 발 벗고 나섰습니다. 스컬리에게 애플의 최고경영자가 되어 줄 것을 부탁했지만 그는 선뜻 응하지 않았습니다. 펩시를 반석 위에 올려놓은 공로로 막강한 파워를 갖게 된 스컬리가 굳이 위기에 처한 애플로 자리를 옮길 필요가 없었기 때문입니다.

어느 날 잡스가 "남은 인생을 설탕물이나 팔면서 보낼 건가요, 아니면 나와 함께 세상을 바꿀 건가요?"라고 도전적인 질문을 던지자 스컬리는 마음을 바꾸었습니다. 1983년 스컬리는 애플의 최고경영자가 되었습니다. 이후 두 사람은 사업 현안에 대해 의견을 나누었습니다.

스티브 잡스와
존 스컬리

　20대 중반에 큰 성공을 이룬 스티브 잡스는 능력이 부족하거나 일을 그르치는 직원들에게 폭언을 일삼았습니다. 예를 들어 신제품 개발에 최소한 두 달이 필요하다고 말하면 잡스는 일주일 안에 제품 개발을 끝내라고 다그쳤습니다. 만약 일주일 안에 신제품을 내놓지 못하면 불호령과 폭언이 이어졌습니다. 또 직원이 좋은 아이디어를 내면 중간에 가로채 마치 자신의 아이디어인 것처럼 말하기도 했습니다.

　잡스는 인간관계뿐만 아니라 회사 경영에서도 실수를 저지르며 애플을 위기로 몰아넣었습니다. 스컬리가 잡스의 문제점을 지적하자 두 사람 사이에 틈이 생기기 시작했습니다. 시간이 흐를수록 스컬리를 따르는 임직원이 늘어나자 초조해진 잡스는 그를 비방하며 회사에서 쫓아내고자 했습니다.

잡스는 "회사가 누구를 더 필요로 하는지 확인하자."라고 말하며 정면대결을 선언했습니다. 잡스는 애플을 세운 사람이 본인인 만큼 스컬리와의 대결에서 승리를 확신했습니다. 스컬리 역시 잡스를 가만히 두어서는 안 되겠다고 판단했습니다. 잡스가 주먹구구식으로 회사를 운영해 재고가 쌓이는 바람에 막대한 손해를 불러왔고 지속적으로 내분을 일으키고 있었기 때문입니다.

1985년 5월 잡스와 스컬리 중 회사에서 누구를 몰아낼지 결정하는 이사회가 열렸습니다. 무기명으로 진행된 투표는 만장일치로 잡스를 내쫓기로 했습니다. 그동안 잡스의 끝없는 횡포에 진절머리가 난 애플 임원들은 잡스가 사라져야 회사가 제대로 돌아간다고 여기고 그를 퇴출했습니다. 이로써 잡스는 자신이 세운 회사에서 자신이 뽑은 사람들에 의해 쫓겨나는 수모를 당했습니다.

픽사의 성공

애플에서 쫓겨난 잡스는 재기를 꾀했습니다. 그는 워즈니악과 함께 세계 최초로 세상에 PC를 내놓았던 저력을 믿고 넥스트NeXT라는 컴퓨터 회사를 차렸습니다. 하지만 당시 PC시장의 절대강자였던 IBM이 너무 막강했기 때문에 넥스트는 큰 반향을 불러일으키지 못했습니다.

성공을 이루지 못하고 있던 잡스에게 디자인용 컴퓨터 제조사인 픽사_{Pixar}를 저렴한 가격에 인수할 기회가 생겼습니다. 공상과학영화 '스타워즈 시리즈'로 명성을 떨치고 있던 조지 루카스_{George Lucas}가 1986년 첨단 기술을 보유한 픽사를 매물로 내놓은 것입니다.

스티브 잡스에게 픽사를 넘긴 조지 루카스

영화감독인 조지 루카스가 그래픽 성능이 뛰어난 고성능 컴퓨터를 만든 것은 공상과학영화의 완성도를 높이기 위해서였습니다. 픽사의 컴퓨터는 NASA에서 사용할 정도로 성능 면에서 우수했습니다.

잡스는 루카스와의 협상을 통해 시가 3,000만 달러의 회사를 불과 500만 달러에 인수했습니다. 루카스가 잡스에게 픽사를 헐값에 넘긴 것은 두 사람 사이에 불교라는 공통분모가 있었기 때문입니다. 다만 루카스는 픽사를 팔면서 제작 중에 있던 컴퓨터 그래픽을 활용한 애니메이션의 완성을 요구했습니다.

당시까지만 하더라도 애니메이션은 일일이 사람의 손으로 그렸는데 픽사는 최첨단 컴퓨터 그래픽을 활용해 실사영화 같은 애니메이션을 만들고 있었습니다. 루카스의 요구를 받아들인 잡스는 향후 10년 동안 자금을 지원하기로 약속했습니다.

잡스는 픽사에서 유능한 애니메이션 창작자들을 보면서 세상에 뛰

컴퓨터 그래픽으로 제작된 픽사의 '토이스토리'

어난 사람들이 많다는 것을 깨달았습니다. 그는 픽사의 최고경영자 자리에 올랐지만, 회사 운영은 애니메이션 제작 지식을 갖춘 전문가들에게 맡기고 자금만 지원해 주었습니다. 조만간 출시될 것만 같았던 픽사의 장편 애니메이션 '토이스토리'는 무려 9년의 시간이 흐른 뒤인 1995년 세상에 모습을 드러냈습니다. 이 기간에 잡스는 밑 빠진 독에 물 붓기 식으로 자금을 지원하면서도 루카스와의 약속을 지키기 위해 묵묵히 기다렸습니다.

세계 최초로 100% 컴퓨터 그래픽으로만 제작된 토이스토리는 세계적인 흥행을 일으키며 픽사에 막대한 수익을 안겨 주었습니다. 이후에도 픽사는 '벅스라이프', '몬스터주식회사', '니모를 찾아서', '인크레더블' 등 수많은 작품을 연달아 성공시키면서 세계 최대 애니메이션 제작사인 월트 디즈니를 위협할 정도로 성장했습니다. 잡스는 토이스토리가 성공한 후 픽사를 주식시장에 상장해 1억 5천만 달러를 벌어들였습니다. 그는 픽사를 통해 성숙한 사업가로 거듭났습니다.

돌아온 잡스

픽사가 성공하자 사람들은 잡스를 달리 보기 시작했습니다. 특히 애플의 주주들은 망하기 직전인 애플을 살려 줄 인물로 잡스를 주목했습니다. 1985년 존 스컬리가 잡스를 내몬 후 애플은 스컬리의 천하가 되었습니다. 그는 음료업계에서는 최고의 경영자였지만 전혀 다른 업종인 컴퓨터 분야에서는 유능하지 못했습니다.

잡스가 떠난 후 스컬리는 다양한 신제품을 내놓았지만, 성공과는 거리가 멀었습니다. 스컬리의 대표적인 실패작은 1989년에 내놓은 애플 최초의 노트북이었습니다. 제품명 '매킨토시 포터블'로 출시된 애플 노트북은 무게가 7.2kg이나 되어서 들고 다니기조차 쉽지 않았습니다. 이후로도 경영 실패가 계속되자 그는 1993년 애플을 떠났습니다. 스컬리 후임으로 영입된 경영자들 역시 많은 시행착오를 반복하여 애플이 회생불

스티브 잡스가 창업한
넥스트 로고

능의 상태에 빠지자 주주들은 잡스에게 복귀를 요청했습니다.

1996년 애플이 거액을 투자해 잡스가 소유한 넥스트를 인수하면서 잡스는 애플에서 쫓겨난 지 11년 만에 자신이 만든 회사로 돌아왔습니다. 하지만 잡스가 돌아온 애플은 형편없었습니다. 이전 경영자들의 무책임한 경영으로 회사는 빚더미에 앉았고 쓸 만한 인재들은 대부분 떠난 상태였습니다.

1997년 애플의 최고경영자가 된 잡스는 방만해진 조직을 축소하고 팔리지 않는 제품들은 과감히 퇴출시켰습니다. 인재를 확보하는 일에도 적극적으로 나서서 회사를 정상궤도에 올리고자 노력했습니다. 잡스는 "회사에 A급 인재가 모여 있으면 A급 인재들이 들어오지만, B급 직원들로 구성되어 있으면 B급이나 C급 직원으로 가득하게 된다."라며 인재 확보를 중시했습니다.

천재 디자이너 조너선 아이브

조너선 아이브Jonathan Ive는 1967년 영국에서 태어났습니다. 그는 대학에서 은세공을 가르친 아버지의 영향으로 어릴 적부터 디자인에 관심이 많았습니다. 1989년 산업디자인으로 유명한 노섬브리아Northumbria 대학교를 최우등으로 졸업하고 영국의 디자인 전문 업체에 취업해 주로 생활용품을 다루었습니다.

1992년 애플에 입사하면서 아이브의 미국 생활이 시작되었습니다. 아이브가 입사할 당시 애플의 최고경영자는 존 스컬리였습니다.

스컬리는 경쟁업체보다 앞선 기술력이 있으면 제품은 팔리기 마련이고, 디자인은 겉치장에 불과하다는 생각을 하고 있었습니다. 최고경영자가 디자인에 대해 별다른 관심이 없었던 만큼 애플 내에서 제품디자이너의 지위는 높지 않았습니다.

애플의 수석 디자이너 조너선 아이브

아이브는 자신의 능력을 제대로 인정받지 못하자 회사를 떠날 생각을 품었습니다. 그는 학창 시절부터 온갖 상을 휩쓸며 산업디자인 업계에서 두각을 나타냈기 때문에 얼마든지 다른 회사로 자리를 옮길 수 있었습니다. 그런데 1997년 9월 애플의 최고경영자가 된 잡스의 연설을 듣고 마음을 바꾸게 됩니다. 당시 잡스는 사기가 바닥에 떨어진 임직원을 격려하기 위해 "단순히 돈을 많이 버는 것보다 소비자의 사랑을 받는 훌륭한 제품을 만드는 것이 우리의 목표가 되어야 합니다."라고 연설하며 최고의 제품을 만들 것을 요청했습니다.

아이브는 최고의 제품만을 만들겠다는 잡스의 선언에 감동해 애플에 남기로 마음을 바꾸었습니다. 얼마 후 잡스가 디자인 스튜디오를 방문하면서 아이브와의 첫 만남이 이루어졌습니다. 잡스는 아이브가 평범한 디자이너가 아니라는 사실을 알 수 있었습니다. 보통 제품 한 가지를 디자인할 때 10개 미만의 시제품을 만드는데, 아이브는 수백 개 모형의 시제품을 만들 정도로 창의적이고 열정적이었습니다. 또 고객 입장에서 사용이 편리하도록 디자인했습니다.

아이브는 잡스에게 애플의 제품이 명품 반열에 오르려면 남들이 등한시하는 디테일한 부분에서 승부를 보아야 한다고 말했습니다. 눈에 보이는 외관은 물론 내부까지 신경 써야 하며 심지어 제품을 담는 종이 상자까지 세심한 주의를 기울여야 애플 제품이 명품이 된다고 말했습니다. 아이브의 의견은 완벽주의자인 잡스의 생각과 일치했으며 이를 계기로 두 사람은 가까워졌습니다.

잡스는 세계적인 디자이너를 영입할 생각이었지만 아이브를 만난 후 마음이 바뀌어 그를 전폭적으로 밀어주었습니다. 1997년, 잡스는 서른 살 된 아이브를 디자인 분야 총책임자에 앉힌 후 전권을 주었습니다. 하지만 아이브의 고속승진은 회사 내에 큰 파장을 일으켰습니다. 아이브보다 더 좋은 대학을 나왔거나 입사 경력이 오래된 직원들은 그의 파격적인 승진을 곱게 보지 않았습니다. 게다가 그는 외국인이었습니다.

애플의 디자이너들은 단체로 잡스에게 불만을 표시했지만 잡스는 자신의 결정을 바꾸지 않았습니다. 잡스는 아이브가 다른 디자이너의 능력을 다 합친 것보다 더 많은 역량을 보유한 인재라고 생각했습니다. 아이브는 디자인 총괄책임자가 된 이듬해인 1998년에 데스크톱 PC인 아이맥iMac을 통해 잡스의 판단이 틀리지 않았음을 증명했

반투명 컬러 케이스를 장착한
아이맥

습니다.

기존의 데스크톱 PC는 불투명한 케이스를 사용해 속이 보이지 않았습니다. 하지만 아이브는 아이맥을 만들면서 속이 보이는 반투명의 컬러 케이스를 최초로 사용했습니다. 소비자들은 그동안 흰색이나 검은색 케이스만 보다가 빨강, 파랑, 노랑 등 눈에 잘 띄는 예쁜 컬러 케이스가 나오자 디자인에 매료되어 아이맥을 구입했습니다. 아이브의 첫 작품이 큰 성공을 거두자 애플 내에서 아이브의 능력을 의심하는 사람은 사라졌습니다.

아이팟 성공신화

1997년 한국의 한 중소기업이 음악파일을 저장해 들고 다니면서 들을 수 있는 MP3 플레이어를 개발하면서 휴대용 음악기기 시장에 새로운 장이 펼쳐졌습니다. MP3 플레이어가 등장하기 이전까지

애플의 제품을 소개하는 스티브 잡스

만 하더라도 휴대용 음악기기 시장은 CD플레이어가 대세였습니다. CD플레이어는 덩치가 커서 주머니 속에 넣고 다닐 수 없었습니다. 또 CD 한 장에는 10여 곡만 담을 수 있었습니다. 하지만 메모리반도체에 음악을 저장하는 MP3 플레이어는 크기가 작고, 메모리 용량을 늘리면 많은 곡을 저장할 수 있기 때문에 사람들에게 폭발적인 인기를 끌었습니다.

MP3 플레이어의 등장은 음악을 좋아하는 사람들에게는 행운이었지만 음원 소유자에게는 재앙이나 다름없었습니다. 인터넷 사이트를 통해 MP3 형태로 음원이 불법으로 유통되다 보니 돈을 주고 음반 CD를 구입하는 사람들이 급격히 줄어들었기 때문입니다. 이로 인해 작곡자나 음반사 등 음원 소유자들은 엄청난 경제적 손해를 입었습니다.

2001년 잡스는 애플 최초의 MP3 플레이어인 아이팟iPod을 선보였습니다. 아이팟 역시 아이브의 작품으로, 알루미늄 소재를 활용해 세련된 외관을 갖추었으며 누구나 편리하게 사용할 수 있도록 디자인했습니다. 당시 시장에는 이미 수백 가지의 MP3 플레이어가 치열한 경쟁을 벌이고 있었고 가격도 비쌌기 때문에 아이팟의 성공을 예상한 전문가는 거의 없었습니다. 그러나 아이팟은 세계적으로 엄청난 인기를 얻었습니다.

아이팟이 성공하게 된 이유는 잡스가 콘텐츠에 승부를 걸었기 때문입니다. 잡스는 아이팟을 시장에 내놓기 전 아이튠즈iTunes 라는 음원관리 사이트를 만들었습니다. 그는 미국 메이저 음반업체를 설득해 아이튠즈에 그들이 가지고 있는 음원을 올려줄 것을 요청했습니다. 아이팟 소유자들이 아이튠즈에 접속해 1달러 정도의 가격에 음원을 구입하면 30%의 수수료만 제외하고 나머지는 음반회사에게 주는 조건을 내걸었습니다.

애플 최초의 MP3 플레이어 아이팟

음원관리 사이트 아이튠즈

음반업체 경영진은 잡스의 제안을 처음에는 선뜻 받아들이지 않으려고 했습니다. MP3 플레이어가 등장하기 이전까지만 하더라도 음악CD 한 장을 팔 때마다 10달러 이상을 벌었는데 이제는 한 곡을 팔 때마다 70센트밖에 벌지 못하기 때문이었습니다. 그렇지만 잡스는 음반업체 경영진에게 이제는 세상이 아날로그 시대에서 디지털 시대로 변했음을 설득해 결국 뜻을 이룰 수 있었습니다.

  음반업체 경영진이 잡스의 제안을 따랐던 가장 큰 이유는 잡스가 픽사를 운영하면서 이들과 친분이 있었기 때문입니다. 만약 잡스가 음반이나 영화제작사와 인연이 없었다면 아이튠즈의 성공은 쉽지 않았을 것이라고 전문가들은 말합니다.

  결과적으로 보면 아이튠즈 덕분에 아이팟은 성공을 거두었습니다. 불법 인터넷 사이트에서 음원을 다운로드할 경우 무료인 경우가 많았지만 음질은 좋지 않았습니다. 이에 반해 아이튠즈는 음반사가 제공하는 최상의 정품 음원을 제공하기 때문에 사람들은 아이팟을 구입했습니다.

  아이튠즈가 활성화되자 불법 다운로드를 받는 사람들이 줄어들면서 음반제작사도 큰 이익을 얻었습니다. 10달러가 넘는 CD음반은 예전만큼 팔리지 않았지만 1달러짜리 MP3 음원이 훨씬 많이 팔리면서 음반제작사의 이익은 이전보다 늘어났습니다. 즉 아이튠즈는 음반제작사, 소비자, 애플 모두에게 이익이 된 신의 한 수였습니다.

세상을 바꾼 스마트폰의 탄생

아이맥에 이어 아이팟까지 흥행에 성공하자 잡스의 힘은 더욱 강해졌습니다. 회사 내에서 탄탄한 입지를 다진 잡스는 스마트폰을 개발하기로 했습니다. 스마트폰이 등장하기 이전까지 휴대폰은 주로 음성 통화나 문자 메시지를 전송하는 역할에 그쳤습니다. 잡스는 어디에서나 인터넷에 접속할 수 있고 애플리케이션을 다운로드받으면 컴퓨터와 별반 차이 없이 기능할 수 있는 스마트폰 개발에 나섰습니다.

잡스가 스마트폰 개발을 지시하자 회사 내에서 적지 않은 사람들이 의구심을 드러내며 잡스의 계획에 반대했습니다. 하지만 잡스는 주변의 만류에도 불구하고 스마트폰 개발을 밀어붙였으며 이번에도 아이브가 디자인을 담당했습니다. 아이브는 스마트폰의 외관뿐만 아니라 화면 구성에도 관여했습니다.

2007년, 드디어 세계 최초의 스마트폰인 아이폰_{iPhone}이 탄생했습

세계 최초의 스마트폰, 아이폰　　　　　애플의 태블릿 PC, 아이패드

니다. 손안에 들어오는 스마트폰을 통해 온라인 쇼핑, SNS접속, 영화 감상, 게임, 교육, 내비게이션 등 수많은 작업을 할 수 있게 되었습니다. 아이폰 판매량이 폭발적으로 늘어나자 이전에는 없던 수많은 새 일자리가 만들어졌습니다. 애플리케이션 업체들이 생겨나 애플이 만든 온라인 장터인 앱스토어App store에 입점해 갖가지 콘텐츠를 판매하고 있습니다. 아이폰에 들어가는 부품을 공급하게 된 기업들도 많은 수익을 얻을 수 있었습니다.

아이폰은 PC보다 더 많은 변화를 불러온 혁신적인 기기가 되었으며 이를 세상에 내놓은 잡스는 영웅 대접을 받았습니다. 2010년 잡스는 아이패드iPad를 발매하면서 태블릿 PC시대를 열었습니다. 스마트폰보다 큰 사이즈의 아이패드는 노트북을 대체할 정도의 강력한 성능과 뛰어난 휴대성으로 인기를 얻었습니다.

췌장암과의 사투

잡스가 1997년 최고경영자로 복귀한 후 탁월한 경영능력을 보여준 덕분에 애플은 제2의 전성기를 누렸습니다. 잡스 역시 수많은 추종자를 끌어모으며 슈퍼스타와 같은 인기를 누렸습니다. 하지만 2003년 10월, 잡스의 몸에서 췌장암이 발견되면서 고난이 시작되었습니다. 췌장암은 초기증상이 거의 없어 무심코 넘어가기 쉽습니다. 증세가 겉으로 드러날 때는 대부분 말기로서 손을 쓸 수가 없습니다.

잡스는 의사로부터 췌장암 진단을 받았을 때 자신의 귀를 의심했습니다. 대개 암은 기름진 음식을 좋아하는 사람들이 걸리기 쉬운데 불교 신자인 잡스는 오래전부터 육식을 하지 않았습니다. 신선한 채소와 과일, 견과류가 그가 먹는 음식의 전부였기 때문에 자신과 암은 거리가 멀다고 생각했습니다.

한 가지 희망은 있었습니다. 잡스의 췌장암은 진행 속도가 느려서 몸속의 다른 곳으로 전이되기 전에 충분히 수술이 가능했습니다. 하지만 그는 자신의 몸에 칼을 대는 것을 원하지 않았습니다. 대신 명상과 식이요법, 침술, 심령술 등 현대의학과 거리가 먼 자신만의 치료법을 고집했습니다. 뒤늦게 수술대에 올랐지만 췌장에 있던 암이 간으로 전이되어 완치가 불가능해지고 말았습니다.

2009년, 잡스는 간이식 수술까지 받았으나 예전의 모습으로 돌아올 수는 없었습니다. 하루가 다르게 여위어 가면서도 손에서 일을 놓지 않던 잡스는 2011년 8월, 거동조차 마음대로 할 수 없게 되어 애플에서 떠나야 했습니다.

인생의 마지막 길

2005년, 잡스는 미국 서부의 명문대학인 스탠퍼드에서 졸업 연설을 하게 되었습니다. 그 자리에서 잡스는 남에게 이야기하고 싶지 않았던 자신의 가정사를 진솔하게 털어놓았습니다. 부모에게 버림받은 자신을 키워 준 양부모에 대한 감사, 돈이 없어 대학을 그만두어야 했던 사정, 희망 이외에는 아무 것도 없는 상태에서의 창업, 췌장암과의 사투 등 그동안 그가 걸어온 인생길은 굴곡의 연속이었습니다.

스탠퍼드 학생들의 가슴속에 뭉클한 감동을 준 잡스의 연설은 인터넷을 타고 전 세계로 퍼져나갔는데 우연히 생부인 잔달리도 연설을 들었습니다. 잔달리는 오래전 잡스를 입양 보낸 후 아들의 소식을 전혀 듣지 못하다가 연설을 통해 자신이 생부임을 알게 되었습니다. 잔달리는 잡스의 생모인 심슨과 이혼한 후 대학교수로 일하다가 사업가로 변신해 여러 가지 일을 했습니다.

잔달리는 과거 실리콘밸리에서 식당을 운영한 적이 있었는데 잡스는 그 식당의 단골손님이었습니다. 당시 두 사람은 인사를 주고받는 사이로, 잡스는 잔달리가 시리아 출신 이민자라는 사실은 알았지만 생부인 줄은 꿈에도 몰랐습니다. 잔달리 역시 엄청난 성공을 거둔 잡스가 자신의 아들인 줄 몰랐습니다.

젊은 시절 매정하게 버린 아들을 이제 와서 찾아가면 남들에게 재산을 노리는 사람으로 보일까봐 잔달리는 잡스에게 접근할 수 없었습니다. 또 잡스를 인류 역사에 남을 훌륭한 인물로 키워 준 양부모의 업적을 중간에 가로채고 싶지 않았습니다. 대신 잡스의 생일 때마다 축하 이메일을 보냈는데 자신이 생부라는 사실은 적지 않았습니다. 가끔씩 잡스로부터 '감사합니다(Thank you).'라는 간단한 인사말이 적혀 있는 답장을 받기도 했습니다.

2011년 잡스의 병세가 악화되어 삶이 끝나가자, 마음이 다급해진 잔달리는 언론과의 인터뷰에서 "그저 아들과 처음이자 마지막으로 커피 한 잔만 했으면 좋겠습니다."라고 안타까움을 나타내기도 했습니다. 그러나 잡스가 생부와의 만남을 원하지 않아 두 사람의 만남은 끝내 이루어지지 않았습니다.

잡스는 생모인 심슨과는 몇 차례 만남을 가졌습니다. 그는 심슨을 만나 "저를 배 속에서 죽이지 않고 낳아줘서 고맙습니다."라고 감사의 인사를 했습니다. 하지만 "나의 진정한 부모는 어려운 상황에서도 버리지 않고 끝까지 헌신적으로 돌봐 준 양부모밖에 없습니다."라며 생모와의 거리를 유지했습니다. 자신을 버린 친부모는 멀리했지만, 인생 마지막 즈음에 혼외자인 딸 리사와는 가깝게 지내려고 노력했습니다. 그는 애플 은퇴 후 불과 두 달 만에 세상을 떠났는데 리사는 곁에서 잡스의 임종을 지켜보았습니다.

2011년 10월 5일, 스티브 잡스는 가족 곁에서 56세의 젊은 나이로 세상을 떠났습니다. 잡스는 막대한 유산을 가족에게 나누어 주었고, 한 푼도 주지 않겠다고 단언한 리사에게도 재산을 주었습니다.

잡스는 죽기 이틀 전 자신이 죽으면 양부모가 묻힌 묘지 옆에 묻어 달라고 부탁했습니다. 하지만 묘지 근처에 비어 있는 땅이 없어 다소 거리가 떨어진 곳에 묻혔습니다. 가족들은 잡스의 시신이나 무덤이 이상한 사람들에 의해 훼손될 것을 우려해 묘비조차 세우지 않았기 때문에 무덤까지 꽃을 들고 찾아간 팬들은 추모조차 할 수 없습니다.

잡스의 유작, 애플파크

잡스가 아이팟, 아이폰, 아이패드를 연달아 성공시키면서 애플의 규모는 하루가 다르게 커졌습니다. 잡스가 애플에 돌아왔을 때 직원 수는 2,000여 명에 불과했지만 사세가 커지면서 1만 2,000명 이상의 직원이 일하게 되었습니다. 기존의 애플 사옥은 규모가 협소해 새로 들어온 직원들은 인근의 여러 건물에 분산되어 일을 했습니다. 직원이 흩어져 있다 보니 업무의 효율성이 크게 떨어져 모두가 함께 일할 수 있는 새로운 사옥이 필요했습니다.

2011년 잡스는 자신의 삶이 얼마 남지 않았음을 직감하고 신사옥 건설을 추진했습니다. 그는 새로 짓는 사옥을 자신의 철학을 담은 작품으로 만들기 위해 설계할 때부터 적극적으로 관여했습니다. 그가 신사옥을 지으면서 가장 중요하게 여긴 것은 직원들 사이의 소통이었습니다.

잡스는 과거 픽사를 경영하던 시절 신사옥을 지어 본 경험이 있습니다. 당시 그는 부지 위에 여러 동의 건물을 지어 부서별로 각각 다른 건물에 입주시키고자 했습니다. 하지만 픽사의 경영진은 직원들이 별개의 건물에서 일하면 협업하기가 쉽지 않다는 이유를 들어 잡스의 계획에 반대했습니다. 그들은 잡스를 월트디즈니 사옥으로 데려가 바람직한 사옥이 어떤 형태인지 보여주었습니다. 월트디즈니 사옥은 칸막이를 찾아볼 수 없는 탁 트인 형태로, 수백 명의 사람들이 함께 모여 수시로 의견을 교환하며 애니메이션을 만들고 있었습니다.

스티브 잡스가 애착을 가지고 설계한 사옥 애플파크

월트디즈니 사옥에서 아이디어를 얻은 잡스는 자신의 계획을 포기하고 픽사의 사옥을 월트디즈니처럼 열린 공간으로 만들었습니다. 화장실도 일부러 한곳에만 만들어 화장실을 가다가 직원들이 서로 만나도록 했습니다.

잡스는 애플의 사옥인 애플파크 역시 소통의 공간이 될 수 있도록 원형으로 설계했습니다. 신사옥은 도넛처럼 가운데가 비어 있는데, 빈 공간에는 애플을 상징하는 사과나무를 비롯해 온갖 나무가 자라는 거대한 인공 숲이 있습니다. 그는 임직원들이 7,000여 그루의 나무가 우거진 숲을 거닐면서 창의적인 아이디어를 떠올리기를 원했습니다. 이외에도 피트니스센터, 극장, 식당, 연못 등 직원을 위한 편의 시설로 애플파크를 가득 채웠습니다.

조너선 아이브 역시 잡스의 요청으로 애플파크 건립에 관여해 공간 구성은 물론 의자까지 직접 디자인했습니다. 애플파크는 최대한 친환경적으로 설계되었는데 건물 지붕에는 태양전지판이 설치되어 전기를 자급자족할 수 있습니다. 최첨단 소재를 사용한 자연환기 구조로 인해 1년 중 9개월은 난방과 냉방을 할 필요가 없습니다.

2017년 완공된 애플파크는 50억 달러가 투자된 초대형 건물로, 실리콘밸리의 명물이 되었습니다. 잡스는 인생 마지막 역작인 애플파크의 완공을 보지 못했지만, 회사 측은 그를 기리기 위해 사옥 내 극장에 '스티브 잡스 극장'이라는 이름을 붙여주었습니다.

잡스 이후의 애플

2011년 8월 잡스가 애플을 떠나자, 후임자를 두고 세간의 관심이 집중되었습니다. 많은 사람들은 그동안 애플 제품의 디자인을 도맡아 온 조너선 아이브를 후임자로 예측했습니다. 그러나 예상과 달리 최고운영책임자$_{COO}$* 직책을 맡고 있던 팀 쿡$_{Tim Cook}$이 잡스의 선택을 받았습니다. 그는 애플에 오기 이전까지 미국 굴지의 컴퓨터 제조사였던 컴팩$_{Compaq}$에서 부사장으로 일한 엘리트였습니다.

잡스를 존경하던 팀 쿡은 1998년 잡스의 부름을 받고 애플에 합류했습니다. 괴팍한 성격을 가진 잡스도 팀 쿡의 업무능력을 높이 살 정도로 그는 자신의 임무에 최선을 다했습니다. 치밀하고 섬세한 팀 쿡은 애플의 사정에 밝아 잡스에게 큰 도움이 되었습니다. 잡스가 혁

---

* 기업 내부의 사업을 총괄하는 직책.

스티브 잡스의 후임자 팀 쿡

신적인 제품 개발에 매달리는 동안 팀 쿡은 애플 제품의 생산관리를 총괄하며 내실을 다졌습니다. 팀 쿡은 제품에 들어가는 수많은 부품을 좀 더 저렴한 가격에 안정적으로 공급받기 위해 새벽 4시 이전에 일어나 업무를 시작할 정도로 일벌레입니다. 그는 출장길 비행기 안에서도 일하며 일요일에도 오로지 일만 합니다.

2009년 잡스가 간 이식수술을 받기로 결심하자 팀 쿡은 기꺼이 자신의 간을 떼어주겠다고 제안했습니다. 잡스는 팀 쿡의 제안을 거절했지만 고마운 마음을 간직했습니다. 잡스는 애플을 위해 지난 10여 년간 쉬지 않고 일한 팀 쿡이 애플을 이끌어야 한다고 생각해 후임자로 정했습니다. 온화하고 신중한 성격을 가진 팀 쿡이 후임자가 되자 그동안 잡스의 불같은 성미로 인해 고통받던 임직원들은 기대를 품었습니다.

능력이 있는 사람들과만 가까이 지내려고 했던 잡스와 달리 팀 쿡은 모든 직원을 존중해 주었습니다. 그는 구내식당에서도 자신과 함께 식사하기를 원하는 모든 임직원과 격의 없이 식사할 정도로 열린 마음을 가졌습니다. 그렇지만 막상 업무에 들어가면 자신이 가진 해박한 지식을 바탕으로 임직원들에게 끊임없이 질문을 쏟아냅니다.

만약 누구라도 자신의 업무에 관해 완벽한 지식이 없으면 팀 쿡의 질문 공세를 견뎌낼 수가 없기에 부단한 노력을 해야 합니다. 일부 직원들은 애플 최고의 일벌레에다 웬만한 것들을 거의 다 기억하는 팀 쿡이 잡스보다 더 어려운 상대라고 혀를 내두르기도 합니다.

잡스 앞에서 좀처럼 속마음을 드러내지 않던 팀 쿡은 최고경영자 위치에 오르자 자신의 색깔을 드러내기 시작했습니다. 살아생전 잡스는 스마트폰의 휴대성을 강조하면서 한 손에 잡히는 사이즈인 4인치 이하로 만들 것을 고집했습니다. 그러나 잡스 사후에 경쟁업체들이 앞다투어 대형화면의 스마트폰을 내놓고 소비자들의 좋은 반응을 얻자, 팀 쿡은 잡스의 뜻을 거스르고 대형화면을 채택한 아이폰을 출

이전보다 커진 화면으로 인기를 얻으며
애플에 막대한 이익을 안겨 준 아이폰6

애플 매장

시했습니다.

　고객의 요구에 맞춘 아이폰6는 선풍적인 인기를 얻으며 애플에 막대한 이익을 안겨 주었습니다. 소비자의 입맛에 맞는 제품을 시장에 내놓자 애플의 매출액과 이익도 꾸준히 증가했습니다. 2018년 애플의 시가총액은 미국 기업으로서는 역사상 최초인 1조 달러를 돌파하기에 이르렀습니다.

　하지만 애플의 미래가 밝다고 생각하지 않는 사람들은 팀 쿡이 잡스와 달리 꿈과 비전을 제시하지 못하는 경영자라는 문제점을 지적합니다. 잡스가 여느 경영자와 구별되는 점은 기존에 없던 제품을 개발해 새로운 시장을 개척하는 역량이 있었다는 것입니다. 잡스는 세계 최초로 PC를 출시해 세상을 바꾸어 놓았고, 스마트폰을 개발해 더욱 편리한 세상을 만들었습니다. 하지만 팀 쿡에게는 이런 능력이 없어 애플의 성장에는 분명한 한계가 있다는 것이 많은 전문가의 생각입니다.

스티브 잡스는 디지털 세상을 만드는 데 결정적인 공헌을 한 인물입니다. 태어나자마자 부모에게 버림받은 고아였으나 온갖 역경을 극복하고 세상을 바꾼 그는 세상을 떠난 이후에도 애플을 대표하는 인물로 기억될 것입니다.

애플의
타이탄 프로젝트

어떤 산업이든지 폭발적인 성장기를 거치면 정체기에 접어들기 마련이다. 스마트폰도 마찬가지이다. 2007년 애플이 아이폰을 선보인 이후 스마트폰 생산량은 매년 큰 폭으로 늘어났지만, 시간이 지날수록 보급률이 높아지면서 성장률은 낮아졌다. 애플은 성장을 지속하기 위해 태블릿PC나 스마트워치를 내놓았지만 이 역시 곧 성장의 한계를 맞이했다. 그 뒤로 애플이 또다시 도약하기 위해 선택한 것이 바로 자율주행차량 개발이다.

목적지까지 알아서 찾아가는 자율주행차를 만드는 것은 자동차 업계의 오랜 꿈이었다. 그러나 사람의 손을 빌리지 않고도 자동차가 스스로 움직이려면 여러 난제를 해결해야 한다. 사람의 눈처럼 사물을 인식할 수 있는 고성능 센서가 필요하고 사람의 두뇌처럼 상황을 정확히 판단하고 운전할 처리장치가 필요하다.

기술의 발달로 인간의 눈보다 성능이 좋은 센서가 개발되었지만 사람을 대신해 판단하고 운전할 처리장치를 만드는 일은 쉽지 않았다. 도로 위에서는 실시간으로 상황이 바뀌기 때문이다. 그런데 2009년 애플의 경쟁업체인 구글이 자율주행차를 만들겠다고 나서면서 상황이 바뀌기 시작했다. 세계 최대 소프트웨어 회사이자 수많은 인재를 보유하고 있던 구글은 기술적 한계를 뛰어넘기 위해 인공지능을 연구하기 시작했다. 인간의 두뇌와 비슷하게 정보를 처리하는 인공지능을 만든다면 얼마든지 스스로 달릴 수 있는 자동차를 만들 수 있다고 판단했기 때문이다.

구글이 막대한 비용과 인력을 들여 연구개발에 나섰지만 인간을 대체할 인공지능을 만들기란 쉬운 일이 아니었다. 주행 도중 갑자기 차가 끼어들거나 도로로 사람이 뛰어들 경우 눈이나 비가 올 경우 등 도로 위에는 예상할 수 없는 많은 변수가 존재하기 때문이다. 자율주행차가 사고라도 일으키면 인명과 재산 손실을 피할 수 없기 때문에 모든 상황을 인간처럼 대처할 인공지능을 반드시 개발해야 했다. 여러 가지 난제에도 불구하고 구글은 끊임없는 연구개발로 문제를 하나씩 풀어나가면서 기술을 축적해 업계의 선두주자가 되어 갔다.

구글을 지켜보던 애플은 자율주행차 개발을 위해 2014년 '타이탄 프로젝트'를 출범시키며 구글 따라잡기에 나섰다. 가까운 미래에 자율주행차가 상용화되면 스마트폰 시장보다 훨씬 큰 시장이 열리기 때문이었다. 또한 자율주행차는 인공지능, 센서, 통신 등 온갖 첨단 기술이 모인 제품이기 때문에 미래 산업을 주도하고자 하는 애플로서는 놓칠 수 없었다.

그러나 구글보다 5년이나 늦게 자율주행차 개발에 뛰어든 애플은 구글과의 기술 격차를 실감해야 했다. 애플은 단기간에 구글을 따라잡기 위해 외부로 눈을 돌려 전기차 분야의 선두주자인 테슬라를 인수하려고 했지만 창업주 일론 머스크가 반대하는 바람에 성공하지 못했다. 다급해진 애플은 테슬라 출신 기술자를 대거 영입하며 자율주행차 개발을 이어가고 있다.

2018년, 구글이 사람 없이도 안전하게 운행할 수 있는 기술을 발표하면서 애플에 큰 충격을 주었다. 구글은 애리조나주에서 세계 최초로 자율주행 택시를 운영하면서 상용화에 한걸음 더 나아갔다. 반면 애플은 기술 개발이 더뎌 구글과의 기술 격차를 좁히지 못하지만 자율주행차를 포기하지 않고 있다.

Howard Schultz

커피잔에 성공을 담은

하워드 슐츠

커피에 문화와 이념을 도입한 기업가 (1953~)

미국 문화의 상징이 된 세계적인 커피체인점 스타벅스의 전임 회장이
다. 삭막한 도시에 편안한 공간과 감성, 그리고 최상의 원두로 만든 커
피를 제공한다는 철칙을 지켜 스타벅스를 찾는 사람들에게 여유를 찾아
주었다. 또 커피 원두 생산자들에게 정당한 값을 지불하고 직원들의 복
지를 향상시켜 기업의 사회적 책무를 다해왔다.

커피 이야기

커피 이야기는 아주 오래전 아프리카의 에티오피아로부터 시작됩니다. 서기 524년, 목동 칼디Kaldi가 관리하던 염소들은 처음 보는 나무의 빨간 열매를 먹게 되었습니다. 염소들이 열매를 먹고 흥분해서 날뛰자 목동은 궁금증을 참을 수 없어서 직접 그 열매를 먹어 보았습니다. 얼마 지나지 않아 머리가 맑아지는 상쾌한 기분을 느낀 목동은 이 사실을 마을의 이슬람 성직자에게 알렸습니다. 성직자는 그 열매를 따서 졸음을 방지하는 용도로 활용했습니다. 에티오피아의 카파Kaffa 지방에서 시작된 이 열매를 훗날 유럽인들은 커피Coffee라고 불렀

원두 커피콩

습니다.

9세기 무렵 커피는 아프리카 대륙을 건너 아라비아반도의 이슬람 지역으로 퍼져 나갔습니다. 커피의 매혹적인 맛에 반한 이슬람 성직자는 선교를 위해 커피를 이용하기 시작했습니다. 이슬람 사원에 오는 누구에게나 커피 한 잔을 대접한 것입니다. 한번 커피 맛을 본 사람은 그 맛에 매료되어 계속 이슬람 사원을 찾았습니다. 커피 덕분에 선교가 잘 이루어지자 성직자들은 커피를 이슬람 음료로 정하고 아라비아반도 이외에서의 커피 재배와 종자 유출을 엄격히 금지했습니다. 이 때문에 커피는 300여 년간 이슬람 음료로만 존재했습니다.

12세기에 이르러 아라비아반도까지 유럽의 십자군*이 쳐들어왔습니다. 그들은 노획한 이슬람 군대의 보급품 속에서 커피를 발견해 처음으로 맛보게 되었습니다. 커피의 뛰어난 맛에 감동받은 십자군이 유럽으로 가져가면서 커피가 비로소 유럽에 소개되었습니다. 카파 지방에서 시작된 이 열매는 프랑스에 도착해 카페café로 불렸고, 영국에 이르러서는 커피coffee라 일컬어졌습니다.

하지만 유럽에 커피를 본격적으로 들여오는 것은 힘들었습니다. 이슬람이 커피를 독점하고 있었기 때문입니다. 이때 영국과 네덜란드 상인이 목숨을 걸고 아라비아반도에서 커피 묘목을 밀반출하려는 계획을 세웠습니다. 이들은 커피나무 묘목 몇 그루를 선박에 숨겨 나

---

* 중세 유럽, 기독교가 이슬람교도로부터 예루살렘을 되찾기 위해 일으킨 원정의 군사들.

오는 데 성공했습니다. 이후 영국은 인도에서, 네덜란드는 인도네시아의 자바Java에서 커피를 대량생산하기 시작했습니다. 영국과 네덜란드의 식민지에서 생산된 커피는 17세기 중반에 유럽 전 지역으로 퍼져 나가 모든 유럽인이 좋아하는 기호식품으로 자리 잡았습니다.

미국인과 커피

미국 하면 대표적으로 떠오르는 것이 바로 커피입니다. 미국 영화나 드라마에서는 커피잔을 들고 있는 장면을 흔히 볼 수 있고, 미국인은 커피를 국민음료라고 칭할 만큼 좋아합니다. 실제로 세계 커피 생산량의 35%를 미국인이 소비할 정도로 그들의 커피 사랑은 대단합니다.

미국인이 원래부터 커피를 좋아한 것은 아닙니다. 이들이 커피를 좋아하게 된 데는 역사적인 사연이 있습니다. 미국인의 선조 영국인은 '홍차 중독자'라고 불릴 만큼 홍차를 좋아했습니다. 혼자서라도 티타임을 갖는 영국인에게 홍차는 생활의 일부였습니다. 17세기 때 미국으로 이주해 온 영국인 청교도는 영국에서 이어온 습관을 버리지 못하고 홍차를 즐겨 마셨습니다.

영국은 청교도의 피땀으로 세운 미국에 자국민 보호라는 명목으로 군대를 파견하고, 강제로 영국 식민지로 편입했습니다. 개척 초기에 인디언과 힘든 투쟁을 벌일 때는 못 본 척하다가, 어렵사리 자리를 잡고 나니 아메리카를 자국의 식민지라 주장하는 영국에 이주 청

독립의 불씨가 된 보스턴 차 사건

교도는 강한 불만을 가졌습니다. 그런데도 신대륙에 주둔한 영국 군인은 점령군 행세를 하며 끊임없이 주민들을 탄압했습니다.

그런데 생각지도 못한 사건이 빌미가 되어 영국은 미국에서 쫓겨났습니다. 바로 1773년에 발생한 '보스턴 차Tea 사건'입니다. 영국은 미국에 주둔하고 있던 영국군의 주둔 비용을 미국인에게 전가하고자 했습니다. 당시 미국은 생활필수품을 생산할 시설이 부족했기 때문에 많은 물품을 영국에서 수입해야 하는 처지였습니다. 미국이 처한 열악한 상황을 이용하여 영국은 미국으로 수출하는 생활필수품에 막대한 세금을 부과했습니다.

영국 정부가 부과한 관세 때문에 생활필수품 가격이 폭등하자, 성난 미국인들은 보스턴 앞바다에 있던 영국 배를 급습해서 배에 가득 실려 있던 영국산 홍차를 모두 바다에 버렸습니다. 이 사건을 계기로

커피 전문점
스타벅스 간판

독립혁명의 불길이 타올라, 1776년 미국은 드디어 영국으로부터 독립을 선언했습니다.

미국인들은 더는 영국 식민지 국민이 아닌 당당한 미합중국 국민으로 살고자 영국의 잔재인 홍차를 마시지 않기로 했습니다. 그동안 즐겨 마시던 홍차의 대체품으로 커피를 선택했습니다. 당시 유럽인이 즐겨 마신 에스프레소_{Espresso}*는 미국인의 입맛에 너무 진해서 에스프레소 커피에 물을 많이 붓고 큰 잔에 담아 마셨습니다. 이를 미국에서 시작된 커피라 하여 '아메리카노'라고 불렀고, 커피는 미국인들에게 자유와 독립을 나타내는 상징적인 존재가 되었습니다.

---

* 곱게 간 커피 가루에 고온 고압의 물을 통과시켜 뽑아낸, 몹시 진한 이탈리아 정통 커피.

이후 미국 사람들은 마치 물 마시듯 커피를 마셨으며 커피는 아무 때나 마실 수 있는 흔하고 일상적인 음료의 대명사가 되었습니다. 그런데 1980년대 후반부터 하워드 슐츠Howard Schultz가 인수한 세계적인 커피체인점 스타벅스Starbucks가 영향력을 미치면서 미국의 커피 문화가 바뀌게 되었습니다.

소년가장이 된 하워드 슐츠

1953년 7월, 하워드 슐츠는 뉴욕 브루클린Brooklyn의 가난한 집안에서 태어났습니다. 브루클린은 노숙자가 넘쳐나고 쓰레기에서 풍겨 나오는 악취가 코를 찌르는 빈민촌이어서 사람이 살 만한 환경이 못 되었습니다. 슐츠의 아버지는 대기업 기저귀 회사에 소속된 트럭 운전사로, 아침부터 저녁까지 열심히 일해도 가난을 면치 못하는 근로 빈민층이었습니다.

당시 이윤의 극대화를 최상의 가치로 여기던 미국은 근로자들의 인간다운 삶에 별다른 관심이 없었습니다. 이 때문에 특별한 능력이 없는 사람은 법정 최저임금을 벗어나기가 쉽지 않았습니다. 정부가 제시한 법정 최저임금 역시 터무니없이 낮게 책정되어, 블루칼라* 노동자의 삶의 질은 바닥을 면치 못했습니다.

1961년 아버지가 근무 도중 빙판에서 넘어져 다리가 부러지는 사

---

* 작업 현장에서 일하는 육체 노동자. 푸른 색의 작업복을 주로 입은 것에서 유래한 이름이다.

고를 당하면서 슐츠 집안은 몰락하기 시작했습니다. 회사는 한동안 일을 할 수 없게 된 슐츠 아버지를 곧바로 해고하고 새로운 직원으로 대체했습니다. 그동안 많지는 않았지만 정기적으로 들어오던 생활비가 끊기게 되어 슐츠의 가정형편은 끼니를 걱정해야 할 정도였습니다. 당시 슐츠의 어머니는 임신 7개월

젊은 시절의 하워드 슐츠

이었기 때문에 일을 할 수가 없었습니다.

집안 경제 사정이 최악으로 치닫게 되면서 슐츠가 생활비를 벌기 위해 나서야 했습니다. 그는 신문 배달을 시작으로 식당 아르바이트 등 돈을 벌 수 있는 일이라면 닥치는 대로 하며 소년가장 역할을 했습니다. 심지어 돈을 벌기 위해 피를 파는 매혈을 했을 정도로 온갖 고생을 다 했습니다.

만일 동일한 상황이 스웨덴이나 노르웨이 같은 북유럽 국가에서 벌어졌다면 슐츠는 고된 일을 하지 않아도 됩니다. 복지제도가 잘 갖추어져 있는 북유럽 국가에서는 아프면 치료받을 수 있는 권리를 국민의 기본권으로 보장하기 때문에 돈이 없더라도 누구나 치료를 받을 수 있습니다. 또 회사가 종업원을 함부로 해고할 수 없도록 법률에 규정되어 있습니다. 따라서 다리를 다쳤다는 이유만으로 회사에

서 쫓겨나지도 않고 혹시나 일자리를 잃더라도 새로운 직장을 잡을 때까지 정부 보조금을 받을 수 있어 생활 수준이 바닥까지 떨어지는 일은 발생하지 않습니다.

하지만 경제적 효율성을 가장 중시하던 1960년대 미국은 유럽식 복지국가와는 거리가 먼 나라였으며, 가난은 개인이 책임져야 할 몫이었습니다. 슐츠의 아버지는 회사에서 쫓겨난 얼마 후 폐암에 걸려 세상을 떠났습니다. 슐츠는 소년가장 역할을 하느라 제대로 공부할 수 없었습니다. 다행히 그는 신장이 190cm 넘는 건장한 체격을 가진 덕분에 고등학교 시절 미식축구 선수로 활동했고, 노던미시건 대학에 4년 내내 장학금을 받는 체육 특기생으로 입학했습니다.

Northern Michigan

대학에 진학하면서 빈민촌에서 벗어난 슐츠는 가족 중 유일하게 대학 문턱을 넘었습니다. 그는 운동 특기생으로 대학에 들어갔지만 막상 미식축구로 성공하기에는 타고난 재능 면에서 부족한 점이 많았습니다. 슐츠는 미식축구 선수로 대성할 수 없다는 것을 깨닫고 공부에 열중했습니다.

영업에서 배운 교훈

노던미시건 대학은 지극히 평범한 대학이었기 때문에 졸업을 앞둔 슐츠는 편하고 좋은 일자리를 구할 수 없었습니다. 그는 대학 졸업과 동시에 복사기 제조업체인 제록스xerox에 방문 영업사원으로 취업하며 사회 첫발을 내디뎠습니다. 슐츠는 여느 영업 사원처럼 복사기를 살 만한 회사에 전화를 걸어 제품을 팔고자 했습니다. 먼저 전화통화를 한 후 상대방이 복사기를 살 의향이 있으면 고객 사무실을 방문하는 활동을 했습니다.

슐츠가 취업 전선에 뛰어든 1970년대 초까지만 하더라도 복사기는 요즘같이 흔한 물건이 아니었습니다. 최첨단 제품으로서 당시 자동차와 가격이 비슷해 웬만한 사무실에서는 선뜻 구입할 수 없었습니다. 이로 인해 종일 사무실에 앉아서 전화하는 것만으로는 복사기를 사겠다는 고객을 찾기가 쉽지 않았습니다.

슐츠는 전화로 복사기를 판매하는 일이 쉽지 않다는 사실을 깨닫고 일일이 회사를 방문해 복사기가 얼마나 긴요한 도구인지를 설명하려고 했습니다. 아침에 출근하자마자 복사기를 살 만한 회사를 찾아다녔습니다. 하지만 각 회사의 경비원에게 있어 슐츠는 출입을 통

제록스의
사무용 복사기

제해야 할 잡상인에 지나지 않았기 때문에 구매 담당자를 만나는 일조차 쉽지 않았습니다. 그런데도 포기하거나 좌절하지 않고 복사기를 팔기 위해 회사 건물을 누비고 다닌 결과, 시간이 흐르면서 경비원들과 안면이 생겨 구매 담당자를 만날 수 있게 되었습니다.

슐츠는 복사기 영업을 통해 끊임없이 설명하고 진심으로 다가가면 어떤 상대방도 설득할 수 있다는 사실을 체득했습니다. 그는 적극적인 판매 활동으로 두각을 나타내면서 고속승진을 거듭했습니다. 이후 스웨덴에 본사를 둔 커피메이커 등의 생활용품 제조회사인 해마플라스트Hammarplast 미국 법인의 부사장으로 발탁되었습니다. 그는 뉴욕 번화가의 멋진 사무실에서 이전보다 훨씬 좋은 대우를 받으며 남부럽지 않은 생활을 할 수 있었습니다.

스타벅스와의 만남

1981년 시애틀의 작은 커피체인점에서 슐츠가 근무하는 회사에 구형 커피추출기를 대량 주문했습니다. 이를 의아하게 여긴 슐츠는 직접 시애틀로 날아가 구매자를 만나기로 결심했습니다. 슐츠가 찾아간 곳은 6개의 점포를 가진 '스타벅스'라는 동네 커피체인점으로 샌프란시스코 대학 동문 세 명이 동업을 하고 있었습니다. 그는 그곳에서 직접 갈아서 만든 커피를 맛보게 되었습니다. 슐츠는 여느 미국인처럼 커피를 즐겨 마셨지만, 이제껏 스타벅스 커피와 같은 특별한 커피를 마셔본 적이 없었습니다. 스타벅스 커피에는 기존 커피와 비

교가 되지 않을 정도로 깊고 풍
부한 맛이 녹아 있었습니다.

스타벅스 커피 맛에 반한 슐
츠는 사무실로 돌아와서도 그
맛을 잊을 수 없었습니다. 그는
고품질의 커피를 팔고 싶은 생
각에 스타벅스에 입사하려고 했
지만, 동네 커피점에 지나지 않

스타벅스 로고

았던 스타벅스는 영업의 대가인 슐츠가 필요 없었습니다. 포기를 모
르는 그는 거의 1년간 계속해서 스타벅스의 문을 두드려, 결국 영업
총책임자로 일자리를 얻었습니다. 슐츠가 스타벅스로 일자리를 옮긴
것은 보통 사람이라면 행동하기 힘든 결단이었습니다. 당시 탄탄한
기업에서 많은 연봉을 받는 상태였기 때문에 연봉도 형편없이 적고
하는 일도 별로 없는 스타벅스로 옮길 이유가 없었습니다.

스타벅스 인수를 위한 노력들

1983년 슐츠는 이탈리아 밀라노Milano에서 열리는 국제 가정용품
전시회에 참석하게 되었습니다. 당시 그는 길가에 있는 수많은 카페
에 놀라움을 금치 못했고 가게마다 다른 커피 맛에 매료되었습니다.
유럽에서도 가장 커피 문화가 발달한 이탈리아는 국민들의 커피에
대한 관심도 남달라 카페의 수만큼 다양한 커피 맛이 존재했습니다.

특히 곱게 간 커피 원두에 뜨거운 물을 고압으로 통과시켜 만든 에스프레소는 미국에서 찾아보기 힘든 강렬한 맛을 지니고 있었습니다. 또 대로변에 수없이 늘어서 있는 카페는 삶에 지친 도시인들이 커피 한 잔의 여유를 즐길 수 있는 사색과 대화의 공간으로 사랑받고 있었습니다.

이탈리아의 카페 문화에 한껏 매료된 슐츠는 스타벅스도 숨 가쁘게 살아가는 도시인들에게 커피 한 잔의 여유를 즐길 수 있는 휴식공간을 제공하자고 제안했지만, 창업주들은 그의 말을 듣지 않았습니다. 아라비카* 원두 판매가 주업이었던 스타벅스 창업주들은 커피점을 이탈리아식으로 운영할 필요를 전혀 느끼지 못했습니다.

동네 구멍가게 수준이었던 스타벅스 창업주들은 이것저것 쓸데없는 제안을 늘어놓는 슐츠를 피곤하게 여겼습니다. 슐츠는 결국 스타벅스를 떠나야 했습니다. 이후 이탈리아에서 본 그대로 유럽식 카페를 차려 매장을 늘리고 사업을 확장해 나갔습니다. 그로부터 얼마 후인 1986년 스타벅스가 매물로 나온 것을 알게 된 슐츠는 스타벅스를 인수하기 위해 백방으로 뛰어다녔습니다. 그가 스타벅스 인수에 혈안이 된 데에는 나름대로 이유가 있었습니다. 스타벅스가 미국 최고 수준의 커피 원두 가공 기술을 가지고 있었기 때문입니다.

---

* 에티오피아를 원산지로 하는 대표적인 커피 품종으로, 전 세계 커피 생산량의 60~70%를 차지한다. 우수한 향미와 신맛이 특징이다.

생두를 볶아 원두로 만드는 커피 로스팅 공정

　나무에서 갓 따낸 커피 생두는 아무 맛이 없고 그저 딱딱한 씨앗에 불과합니다. 2천 가지 넘는 물질로 구성된 생 원두를 통 안에 넣고 열을 가해 볶으면 우리가 먹을 수 있는 커피 원두로 변합니다. 이 공정을 로스팅Roasting이라고 하는데, 로스팅을 어떻게 하느냐에 따라 커피의 맛이 달라집니다.

　스타벅스는 그들만의 방식으로 로스팅해 맛깔스러운 커피를 만들었습니다. 슐츠는 미국 최고 수준의 커피 제조법을 소유하기 위해 스타벅스를 인수하려고 했지만, 자금이 부족했습니다. 그는 돈을 마련하기 위해 무려 200번이 넘는 투자설명회를 개최했습니다. 투자자들에게 최고 품질의 아라비카 원두로 고가의 프리미엄 커피 시장을 개척하겠다고 호언장담했지만, 그의 말을 믿어주는 사람은 거의 없었습니다.

당시 미국 사람들에게 커피는 물처럼 저렴하게 제공되던 음료로서 비싼 값을 내고 사 마시는 일은 상상조차 할 수 없던 시대였습니다. 하지만 불굴의 의지를 가진 슐츠는 수많은 투자설명회 끝에 1987년 마침내 투자자의 도움을 받아 스타벅스를 매입했습니다.

문화체험을 파는 커피숍

슐츠는 스타벅스를 인수한 후 최고경영자 자리에 올라 스타벅스를 최고급 커피 브랜드로 만들기 위해 발 벗고 나섰습니다. 최고급 아라비카 원두로만 커피를 만들었을 뿐 아니라, 커피숍을 하나의 문화공간으로 만드는 데 힘을 기울였습니다. 도시인들이 집을 벗어나는 순간 마음 편히 쉴 수 있는 공간을 찾기란 쉽지 않습니다. 어디를 가든지 자신이 원하는 시간 동안 자리를 차지할 만한 곳을 찾기도 만만치 않습니다.

슐츠는 스타벅스가 사람들이 쉬어 갈 수 있는 도시 속의 오아시스가 될 수 있도록 공간을 구성했습니다. 누구든지 커피 한 잔을 시키면 원하는 시간만큼 공간을 차지하고 독서나 인터넷 서핑 등 자신이 원하는 일을 할 수 있도록 했습니다. 이처럼 스타벅스의 주력 상품은 커피 음료와 함께한 편안한 공간이었으며, 이는 도시인들의 많은 사

스타벅스 매장

랑을 받았습니다.

사람들은 스타벅스를 집처럼 편안한 공간으로 여겨 마치 제집 드나들듯 부담 없이 이용했습니다. 또 매장마다 고객들이 편안히 머물수 있도록 음악을 틀어주었습니다. 오랜 기간 음악계에서 근무한 경험이 있는 직원이 재즈와 클래식 위주로 엄선해 모든 매장에서 동일한 음악을 사용했습니다. 전문가 수준의 실력을 갖춘 직원이 심혈을기울여 선곡한 작품이다 보니 음악을 듣기 위해 스타벅스를 찾는 고객도 적지 않았습니다.

많은 고객들이 스타벅스 매장에서 틀고 있는 음악 CD를 판매할것을 요청하자 슐츠는 손님을 위해 약간의 음반을 준비했습니다. 그런데 예상 밖으로 수많은 사람이 몰려들어 음반이 순식간에 동났습니다. 음반을 사지 못한 고객들이 회사 측에 항의함에 따라 스타벅스는 부랴부랴 추가로 음반을 제작했는데, 그 수가 무려 7만 장 이상일

정도로 큰 인기를 끌었습니다. 스타벅스는 미국인들에게 최고급 커피를 마시면서 여유를 만끽할 수 있는 쉼터로 자리매김해, 짧은 시간에 미국 최대 커피전문점으로 발돋움했습니다.

중국에 진출한 스타벅스

2018년, 스타벅스는 순식간에 매장 수를 1만 2천 개 이상으로 늘리며 미국 내에서 압도적인 차이로 선두를 차지했습니다. 미국에서 대성공을 거둔 슐츠는 세계 최대의 인구 대국인 중국으로 눈길을 돌려 해외 진출을 모색했습니다. 하지만 중국에서 커피를 파는 일은 쉽지 않았습니다. 중국인들은 전통적으로 녹차를 즐겨 마시기 때문입니다.

녹차 특유의 떫은맛을 내는 카테킨Catechin은 체내에서 지방분해를 촉진하는 효과가 있어 신진대사를 원활하게 하고 비만 방지에 도움이 됩니다. 기름진 음식을 주로 먹는 중국인들은 건강을 지키기 위해 까마득한 옛날부터 녹차를 가까이했고, 녹차를 마시는 일은 일상이자 삶의 즐거움이었습니다.

미국인이 1인당 연간 4.4kg의 커피를 소비하는 것에 비해 중국인의 1인당 커피 소비량은 0.083kg으로 극히 미미했습니다. 중국을 제외한 세계인들은 해마다 1인당 평균 250잔 이상의 커피를 마시지만, 중국인은 고작 5잔에도 미치지 못할 정도로 커피와 거리가 먼 민족이었습니다. 이 같은 사실을 잘 알고 있던 스타벅스 경영진은 중국

부유층을 겨냥해
사치스럽게 꾸민
중국 매장

진출에 대해 반대 의사를 명백히 표시했지만, 슐츠의 생각을 바꿀 수는 없었습니다. 오히려 커피의 낮은 시장점유율은 슐츠에게는 한시바삐 중국으로 들어가야 하는 이유가 되었습니다.

슐츠는 커피야말로 인종과 국경을 뛰어넘어 모든 사람이 즐길 수 있는 음료라는 굳은 신념을 가지고 있었습니다. 더구나 커피 소비는 소득증가와 정비례 관계에 있기에 폭발적인 경제성장을 거듭하고 있는 중국 커피 시장의 미래는 밝아 보였습니다. 아무도 발을 내딛지 않은 중국 시장을 선점하면 확고한 브랜드 이미지를 구축할 수 있다고 판단했기 때문입니다.

1999년, 슐츠는 중국 진출을 선언하고 미국과는 다른 관점에서 중국 시장 공략에 나섰습니다. 스타벅스는 미국에서 서민들도 드나들 수 있는 열린 공간이지만 중국에서는 주로 상류층을 위한 공간이 되도록 힘썼습니다. 그는 의도적으로 중국에서 가장 땅값이 비싼 곳을 골라 미국보다 훨씬 사치스럽게 매장을 꾸며 부유층의 전유물이 되도록 유도했습니다. 이는 과시하기 좋아하는 중국인들의 허영심을 꿰뚫은 슐츠의 전략이었습니다.

중국은 급속도로 경제성장을 이룬 나라로서 갑자기 돈방석에 앉은 상류층이 많았습니다. 그들은 부를 과시하고자 하는 열망이 있었습니다. 이러한 중국 부유층의 과시욕을 충족시켜 주기 위해서 격조 높은 인테리어를 갖추고 커피 가격도 높게 매겼습니다.

중국 상류층들이 스타벅스에서 커피를 마시기 시작하자 중산층도 따라 하기 시작했습니다. 한 끼 밥값보다 비싼 스타벅스 커피 한 잔을 마시는 것은 곧 자랑스러운 일이 되었습니다. 스타벅스 커피를 마시는 사람은 현대적이고 세련된 국제적 감각을 지니고 있다는 이미지가 생겨났습니다. 너나 할 것 없이 스타벅스의 로고가 그려진 종이컵을 들고 길거리를 다니며 자신의 취향을 내보였습니다. 슐츠의 부유층 마케팅은 대성공을 거두어 스타벅스는 짧은 기간에 중국에서 2천 개 넘는 매장을 운영하게 되었습니다.

중국의 견제

중국인들은 오래전부터 중국이 세상의 중심이자 최고의 문명국가라는 '중화사상'에 젖어 민족의 우월성을 자랑해 왔습니다. 중화사상은 자긍심을 갖게 만드는 긍정적인 효과도 있지만, 외부 세계와의 교류를 단절하는 부정적인 측면도 존재했습니다. 중국에 진출하려는 외국 기업들은 배타적인 문화에서 살아남기 위해 온갖 노력을 아끼지 않았습니다. 심지어 중국 사람들의 입맛에 맞추어 회사 브랜드조차 중국식 한자로 바꾸어야 했습니다.

가장 유명한 브랜드인 코카콜라도 중국에서는 'Coca-Cola'라는 영문 로고 대신 '커커우커러可口可樂'라는 이름을 만들어 사용합니다. 커커우커러可口可樂는 '입맛에 맞아 즐겁다'는 뜻으로 한자 발음이 영어의 코카콜라Coca-Cola와 비슷하고 뜻도 좋아 외국산 브랜드의 대표적인 중국화 성공 사례로 평가받습니다. 세계 최고 브랜드파워를 가

코카콜라와
커커우커러 로고

진 코카콜라조차 중국에서 살아남기 위해 이름을 바꾸었을 만큼 중국은 외국산 브랜드가 뿌리를 내리기 쉽지 않은 나라였습니다.

그런데 스타벅스가 중국에서 대성공을 거두며 승승장구함에 따라 시기하는 사람도 늘어났습니다. 2000년, 스타벅스가 베이징의 자금성 안에 매장을 마련했습니다. 당시 중국 정부는 자금성 관리에 들어가는 비용을 마련하고자 스타벅스가 자금성 내 '고궁점' 매장을 낼 수 있도록 적극 도왔습니다. 하지만 국수주의 성향을 지닌 일부 중국인은 중국 문화의 정수인 자금성에 미국 문화의 상징이나 다름없는 스타벅스가 들어서는 것에 분노했습니다.

2007년, 중국 국영방송사에 소속된 뉴스 진행자가 자금성에서 스타벅스를 쫓아내기 위한 선동에 나섰습니다. 그가 '스타벅스는 중국의 존엄성과 문화를 훼손하고 있다.'라는 내용의 글을 자신의 블로그에 올리면서 스타벅스 고궁점에 대한 비판 여론이 들끓었습니다. 순식간에 50만 명 넘는 사람들이 동참하면서 스타벅스는 위기에 몰렸습니다. 이에 중국 정부도 한몫 거들고 나섰습니다. 스타벅스가 자금성에서 계속 영업을 하고 싶다면 매장에서 스타벅스 브랜드를 사용하지 말 것과 여러 가지 중국산 음료수를 함께 팔 것을 요구했습니다. 하지만 스타벅스는 단번에 거절하고 매장 철수를 단행했습니다.

자사의 브랜드에 남다른 자부심이 있는 스타벅스는 중국에서 사업을 접을지언정 브랜드를 포기할 생각이 없었습니다. 결국 임대계약 기간을 6년 이상 남겨둔 상태에서 쫓겨나듯이 자금성 매장을 철수했습니다. 스타벅스가 자금성에서 사라지자 극우 성향의 중국인들은 환호했습니다. 하지만 이를 지켜보던 다른 나라 사람들은 중국 정부가 취한 불합리한 조치에 반감을 가지게 되어, 결과적으로 중국은 국가 이미지 실추라는 더 큰 손해를 입게 되었습니다.

문턱 높은 유럽 시장

예전부터 유럽과 미국은 묘한 경쟁 관계에 있습니다. 유럽인들은 스스로 서구 문화의 흐름을 만들어 낸 위대한 문화인으로 생각하기 때문에 역사가 짧은 미국을 내심 얕보는 경향이 있습니다. 이에 반해 미국인들은 막강한 경제력과 군사력을 가지고 있는 자국을 자랑스러워하면서도 한편으로는 품격 높은 유럽 문화를 부러워합니다. 슐츠 역시 유럽의 카페 문화를 동경해 스타벅스를 만들었습니다. 미국을 시작으로 자신감을 얻은 그는 유럽 대륙까지 사업을 넓히고자 했습니다.

2000년대 들어 슐츠는 본격적으로 유럽 시장 문을 두드렸지만, 영국을 제외한 다른 나라에서는 고전을 면치 못했습니다. 영국은 원래 '홍차의 나라'로 불릴 정도로 홍차를 즐겨 마셔 왔지만 젊은 층을 중심으로 커피에 대한 선호도가 지속적으로 높아졌습니다. 이때 스타벅스는 막대한 자본을 투자해 영국의 커피 시장을 장악하면서 힘들지 않게 뿌리를 내렸습니다. 영국 청교도가 이주해 세운 나라가 미국인만큼 영국 사람들은 미국 문화를 받아들이는 일에 그다지 인색하지 않았습니다.

하지만 다른 나라에서는 스타벅스가 전혀 기를 펴지 못했습니다. 프랑스의 경우 스타벅스는 대도시를 중심으로 매장을 운영하며 근근이 명맥을 이어가고 있습니다. 자존심 강하기로 유명한 프랑스 사람들은 스타벅스를 제대로 된 커피숍으로 취급하지 않았습니다. 양이 적으면서도 강렬한 맛의 에스프레소를 즐기는 이들에게 스타벅스의 주력 상품인 아메리카노는 에스프레소에 물을 잔뜩 탄 괴상한 커피에 지나지 않았습니다. 더구나 프랑스에서 시럽은 어린아이들이나 음료수에 타 먹는 것으로 인식되어 있는데, 아메리카노에 시럽까지 넣어 먹는 모습에 미국식 커피 문화를 더욱 수준 낮게 보았습니다.

음식문화가 발달한 프랑스에는 동네마다 독특한 맛을 자랑하는 카페가 많습니다. 이런 까닭에 획일적인 맛을 제공하는 스타벅스는 동네 전통 있는 작은 커피숍보다도 못한 대접을 받고 있습니다. 이처럼 미국 커피의 맛을 전하려는 슐츠의 전략은 유럽에서만큼은 제대로 먹혀들지 않아 고전을 면치 못하고 있습니다.

프랑스의 스타벅스 매장은 현지인 대신 외국인 관광객들이 주로 이용하는 장소가 되고 있습니다. 여행에 지친 관광객들은 몇 시간이고 앉아 휴식을 취할 수 있고 인터넷을 마음껏 공짜로 사용할 수 있다는 장점 때문에 스타벅스를 이용하고 있습니다.

공정무역을 실천한 스타벅스

전 세계 커피 시장 규모는 2조 3천억 달러로서 커피는 석유 다음으로 많이 거래되는 상품입니다. 그런데 커피를 생산하는 나라는 모두 가난하다는 공통점이 있습니다. 이는 커피 생산과 유통의 구조적인 문제에서 나타나는 현상입니다.

커피 가격을 정하는 주체는 농민이 아니라 스위스의 네슬레Nestlé나 미국의 크래프트Kraft 같은 극소수 다국적 기업입니다. 다국적 기업끼리 담합해 커피 생산국 농민들에게 제값을 쳐주지 않고 저가에 커피를 구매하다 보니, 지난 20년간 커피 수요는 폭발적으로 늘었지만 커피 원두의 가격은 지속적으로 하락했습니다. 커피를 구입하는 다국적 기업은 극소수이기 때문에 매입가격을 미리 담합할 수 있으나, 2,500만 명에 이르는 생산 농민은 의사를 모을 수 없는 형편입니다.

또 커피 생산은 후진국에서 하지만 소비는 대부분 선진국에서 이루어지는 까닭에, 다국적 기업에 커피를 수출하지 않는 이상 생산물량을 모두 판매할 수 없습니다. 게다가 커피 열매는 유통기간이 매우 짧아서 수확 후 빨리 처분해야 하기 때문에 농가에서 임의로 유통물량을 조절할 수도 없습니다.

이러한 취약점을 너무나 잘 알고 있는 다국적 기업은 협상 없이 자신들이 정한 가격으로만 커피를 구입합니다. 커피 재배 농민들은 헐값으로 커피를 넘기는 것 말고는 선택의 여지가 없는 실정입니다.

이처럼 불공정 무역으로 고통받는 농민들을 위해, 양심 있는 지식

가난한 커피 생산 농민

인과 의식 있는 사람들이 나서서 빈곤한 나라의 상품을 제값 주고 구매하자는 취지로 공정무역*을 실천하기 시작했습니다.

스타벅스는 2000년부터 공정무역 운동에 동참하면서 전 세계의 커피 재배 농민들에게 다른 업체보다 높은 가격을 지불하고 있습니다. 슐츠는 스타벅스의 이익을 극대화하는 일만큼 커피를 공급하는 농민들을 보호하는 일도 소중하다고 생각했습니다. 스타벅스 커피 한 잔을 만들기 위해서는 커피원두 100여 개가 필요하며, 이를 팔아 농민이 손에 쥐는 돈이 10원 남짓한 냉혹한 현실을 결코 외면할 수 없었습니다.

---

* 개발도상국 생산자의 자립과 발전을 돕기 위해 생산자에게 정당한 가격을 지불하는 사회 운동.

슐츠는 국제 시세보다 20% 이상 비싼 돈을 주고 커피를 구매하는 대신 농민들에게 자녀를 학교에 보내라고 요청하고 있습니다. 커피를 재배하는 가난한 나라에서는 극소수 커피 농장주만 저렴한 노동력을 제공하고 최저 생계비도 되지 않는 돈을 벌어들일 뿐 대부분의 농민은 입에 풀칠하기도 바쁩니다. 따라서 농민의 자녀들은 걷기 시작할 때부터 커피 농장에서 고된 노동을 하느라 학교에 다니지 못합니다. 배움의 기회를 갖지 못한 아이가 커피 농장마다 넘쳐나지만, 그들은 일생 동안 커피 농장을 벗어나지 못한 채 노예나 다름없는 생활을 하다가 삶을 마칩니다. 슐츠는 커피 농장에서 벌어지는 아동노동력 착취에 대해 잘 알고 있었기 때문에 비싼 값에 커피를 구매하는 조건으로 아동의 취학을 요구한 것입니다.

슐츠가 커피를 구매하면서 다른 업체에 비해 높은 가격을 주자 스타벅스에도 좋은 일이 생겼습니다. 스타벅스가 사용하는 커피는 생산량이 적은 세계 최고급 커피로서 경쟁업체들도 그 커피를 구하기 위해 혈안이 되어 있습니다. 그런데 좋은 커피가 생산되면 커피 재배 농민들이 제값을 쳐주는 스타벅스에 먼저 제공하기 때문에 스타벅스는 굳이 고품질의 커피를 구하기 위해 고생하지 않아도 되었습니다. 스타벅스는 매장에서 사용하는 대부분의 커피를 공정무역을 통해 구매함으로써 세계에서 공정무역을 위해 가장 많은 돈을 쓰는 회사라는 명예를 가지게 되었습니다.

스타벅스의 위기

2000년, 슐츠는 돌연 스타벅스를 떠나 평범한 가장으로 돌아갔습니다. 자신이 할 수 있는 대부분을 이루었기 때문에 더는 회사에 남아있을 필요가 없다고 생각한 것입니다. 그가 회사를 떠난 후 주주총회*를 통해 새로 선출된 경영진은 슐츠와 다른 생각이었습니다. 새 경영진의 최대 관심사는 오로지 사업 확장과 회사의 수익증대였습니다.

2002년 스타벅스의 사령탑에 앉은 짐 도널드Jim Donald는 공격적인 경영으로 회사의 몰락을 불러왔습니다. 그는 짧은 기간에 수천 개의 매장을 늘리면서 인테리어 비용을 절약하기 위해 저렴한 의자와 집기로 매장을 가득 채웠습니다. 또 유능한 바리스타Barista** 없이도 커피를 만들 수 있도록 전자동 커피머신을 도입했습니다. 따라서 마치 자판기 커피를 뽑는 것처럼 단추만 누르면 커피를 만들어 낼 수 있었습니다. 그는 더 많은 고객을 유치하기 위해 매장의 의자를 늘렸고, 자투리 공간마다 책, 영화, DVD 등 부수입을 올릴 수 있는 상품들을 잔뜩 진열해 놓았습니다.

아늑한 분위기로 부담 없이 머물 수 있는 공간을 제공하던 스타벅스의 분위기가 지극히 상업적으로 변하자 고객들이 외면하기 시작했습니다. 때마침 맥도날드, 던킨도너츠 등 거대 기업들이 스타벅스가 장악하고 있던 고급 커피 시장에 뛰어들어 경쟁이 심화되면서 스타

---

* 주식회사의 주주가 모여 회사의 주요 의사를 결정하는 회의.
** 커피에 대한 경험과 지식을 바탕으로 커피를 만드는 커피 전문가.

다양한 상품을 판매하던
스타벅스 매장

벅스의 실적은 갈수록 악화되기만 했습니다.

2008년 2분기에는 창업 이래 최초로 영업적자를 기록했습니다. 커피 이외에 다양한 음료수와 음식까지 매장 내에서 팔면서 더는 고객들에게 고급 커피전문점이라는 이미지를 주지 못하고 그저 그런 브랜드 중 하나로 전락하고 말았습니다. 증권시장에서는 스타벅스가 머지않아 몰락할 것이라는 소문이 나돌면서 주가가 42%나 폭락했습니다. 이를 지켜보던 슐츠는 스타벅스를 살리기 위해 다시 회사로 돌아왔습니다.

슐츠는 스타벅스로 돌아오자마자 초심으로 돌아가려고 했습니다. '편안한 공간추구'라는 스타벅스의 이념에서 벗어난 짐 도널드 경영 시절에 마구잡이로 만들어진 매장 600여 개를 큰 손해를 감수하고 폐쇄하는 결단을 내렸습니다. 또 고품질의 커피를 제공하는 일에 집중해 매장 내에서 팔던 잡다한 상품판매를 중단했습니다.

슐츠는 그동안 느슨해진 직원들의 정신 상태를 바로 잡기 위해 주주들의 강력한 반대에도 하루 동안 미국 내 모든 매장의 문을 닫고 스타벅스의 기업 이념을 교육했습니다. 이로 인해 막대한 매출 손실이 있었지만, 그는 조금도 개의치 않았습니다.

스타벅스의 회생은 쉽지 않았습니다. 한 번 떠난 고객의 마음을 돌이키기란 만만치 않았습니다. 또 슐츠가 업무에 복귀한 2008년에는 경제 대공황 이래 최악의 금융 위기가 미국에 몰아닥치면서 경기가 급속히 냉각되었습니다. 주머니가 얇아진 사람들이 굳이 마시지 않아도 되는 커피 소비부터 줄이는 바람에 스타벅스는 큰 타격을 입었습니다. 하지만 이듬해부터 매출이 서서히 회복되기 시작해 2016년 커피 업체로는 사상 최초로 매출 200억 달러를 돌파했습니다.

대학 학자금 지원 프로그램

1970년대 미국 중산층 자녀의 대학 진학률은 40% 수준이었으나, 2000년대 들어 70% 이상으로 높아졌습니다. 이에 반해 하층민 자녀의 대학 진학률은 6%에서 겨우 2% 정도 늘어난 8% 수준에 머물며 소득 격차에 따른 학력 격차 문제가 심화되었습니다. 학력 격차가 다시 소득 격차를 불러오는 악순환이 계속되면서 미국의 빈부 차는 계속 커져만 갔습니다.

미국은 세계에서 학비가 비싸기로 악명 높은 나라로서 부모의 소득이 일정 수준 이하이면 대학을 다니기가 쉽지 않은 나라입니다. 스타벅스에서 일하는 직원 중 70%가량은 어려운 집안 사정으로 대학을 다닐 수 없었던 사람들입니다. 슐츠 역시 어려운 가정형편으로 집안에서 유일하게 대학을 나온 사람으로서 돈이 없어서 학교에 다닐 수 없는 사람들의 마음을 누구보다도 잘 알고 있었습니다.

2014년 6월, 슐츠는 직원들을 대상으로 대학 학비 지원 프로그램을 마련했습니다. 주당 20시간 이상 일하는 직원이면 정규직이든 아르바이트생이든 상관없이 누구나 졸업할 때까지 수만 달러에 이르는 학비를 지원받을 수 있습니다. 비단 스타벅스뿐 아니라 일부 다른 기업들도 직원들의 학비를 지원해 주는 경우가 있지만, 정규직에 한정돼 있고 전공도 현재 직무와 관련되어 있어야 합니다. 또 학위를 받은 후 일정 기간 의무적으로 회사에 다녀야 하지만, 스타벅스는 아무런 제한을 두지 않습니다. 직원들은 자신이 원하는 학과를 선택할 수 있고, 학위를 받은 후 의무 재직기간 없이 언제라도 회사를 떠날 수 있습니다.

이 같은 슐츠의 조치에 회사 경영진 중 반대하는 사람이 적지 않았습니다. 회사가 수만 달러의 돈을 들여서 대학 교육을 하면 오로지 대학에 진학하기 위해 스타벅스에 입사하는 직원이 늘어날 것이고, 그렇게 되면 회사는 엄청난 손해를 각오해야 하기 때문이었습니다.

슐츠는 스타벅스 덕분에 단 한 사람이라도 더 나은 삶을 살 수 있으면 그것으로도 충분한 가치가 있는 일이라고 주장하며 자기 생각을 밀어붙였습니다. 그는 고졸 직원들을 대상으로 일일이 이메일까지 보내면서 대학에 진학할 것을 권장했습니다. 이로 인해 돈 때문에 공부할 수 없었던 직원 2만 명 이상이 대학에 진학했습니다.

슐츠는 이듬해인 2015년부터는 제대군인의 가족을 대상으로 학자금 지원 프로그램을 운영하며 더 많은 사람에게 배움의 기회를 제공하고 있습니다. 국가와 국민의 안위를 위해 봉사한 제대군인을 먼저 고용해, 그들의 배우자나 자녀에게까지 학비를 제공하는 프로그램을 도입한 것입니다.

미국은 군인들에 대한 예우가 잘 갖춰져 있어 제대군인은 정부로부터 학자금을 지원받을 수 있습니다. 그러나 그들의 가족에게는 아무런 혜택이 주어지지 않습니다. 슐츠는 "우리는 참전용사와 그 가족들의 봉사와 희생을 기려야 할 책임이 있습니다. 저는 이들에 대한 감사함을 행동으로 옮길 것입니다. 군인들이 민간인으로 사회에 잘 정착할 수 있도록 돕겠습니다."라고 말하면서 취업 기회와 가족에 대한 학자금 지원을 약속했습니다.

직원에 대한 사랑

1992년 스타벅스가 미국 증시에 상장되면서 슐츠는 억만장자 반열에 올라섰습니다. 그는 억만장자가 된 이후에도 변함없이 예전처럼 검소한 삶을 살았습니다. 오히려 상장을 통해 회사에 거금이 들어오자, 젊은 시절부터 꿈꾸었던 나눔 공동체 같은 회사를 만드는 일에 앞장섰습니다.

다양한 복지 혜택을 누리는 스타벅스 직원

슐츠가 먼저 관심을 가진 분야는 직원들에 대한 사내 복지 강화였습니다. 미국은 세계 최고 부국이지만 의료 사정이 선진국 중 바닥을 맴돌 정도로 열악합니다. 선진국 중 유일하게 정부에서 운영하는 의료보험 제도가 없어서 원하는 의료서비스를 받으려면 민영의료보험에 가입해야 합니다. 하지만 보험료가 너무 비싸 웬만한 임금으로는 도저히 부담할 수 없습니다.

미국에서 이름 있는 대기업은 복지 차원에서 직원들의 의료보험료를 대신 내주기도 하지만, 단순노무직에 종사하는 사람들에게는 의료보험 혜택을 주지 않는 경우가 대부분입니다. 스타벅스에 근무하는 직원 대부분의 업무는 매장에서 커피를 만들고 청소를 하는 단순노무로서 누구라도 일정 기간 교육과정을 거치면 할 수 있는 일입니다. 그렇지만 슐츠는 많이 배우지 못하고 언제든지 대체가 가능한 매장 직원에게도 의료보험 서비스를 제공했습니다. 또 아르바이트생을 포함한 모든 직원에게 회사 주식을 골고루 나누어 주었습니다.

이사회*에서 슐츠의 행동에 반대하는 사람이 많았지만, 슐츠는 "저는 비정규직을 포함해 병마로 고통받는 어떤 직원도 그냥 두지 않을 것입니다. 만일 극소수 경영진과 주주들이 직원들을 희생시켜 성공한다면 그것은 결코 성공이라고 부를 수 없습니다. 단 한 명의 낙오자도 없이 우리 모두가 함께 결승선을 통과해야만 성공이라고 말할 수 있습니다."라고 주장하며 사람들을 설득했습니다.

　미국에는 아르바이트생에게 주식을 나눠 줄 수 있는 법 조항이 없었습니다. 슐츠는 증권거래위원회의 특별허가를 받고 이사회에서 주주의 동의를 이끌어내어 결국 뜻을 이루었습니다. 그는 직원을 부를 때도 여느 기업처럼 종업원이란 용어를 사용하지 않습니다. 대신 파트너라는 용어를 사용하며 함께 길을 가야 할 동반자로 여깁니다.

　1990년대 중반, 텍사스에 있는 스타벅스 매장에 강도가 들어 직원이 처참하게 살해당하는 사건이 발생했습니다. 이 소식을 접한 슐츠는 모든 일정을 중단하고 텍사스로 달려가 현장에 머무르면서 피해자의 가족들을 진심으로 위로했습니다. 가장을 잃은 유가족들이 생활할 수 있도록 매장을 매각한 후 그 돈을 가족들에게 지원했습니다. 이처럼 슐츠에게는 돈보다 항상 사람이 먼저였는데, 이는 어린 시절 자신이 경험한 고통을 다른 사람들은 겪지 않도록 하기 위해서였습니다.

---

* 이사 전원으로 구성되며 회사의 업무 집행에 관련된 의사를 결정하는 기관.

기업의 사회적 책임

슐츠는 동성결혼을 지지하는 발언을 해 논란을 일으켰습니다. 유럽에 비해 보수적인 미국은 동성결혼에 대해 부정적인 사람이 많기 때문에 동성결혼을 공개적으로 지지하는 일은 리스크가 큽니다. 2013년 5월 주주총회에서 주주들은 회사 이미지 추락과 주가하락을 막기 위해 슐츠에게 앞으로 언행에 주의할 것을 요구했습니다.

주주들이 동성애 지지 발언을 하지 말라고 요구하자 슐츠는 "미국은 자유주의 국가입니다. 또 우리는 사회적 다양성을 존중해야 할 의무가 있습니다. 주주 여러분 중 스타벅스가 마음에 안 드는 분은 주식을 팔고 다른 회사 주식을 매입하면 됩니다. 누구든 다른 사람이 하고 싶은 말을 못하게 할 권리는 없습니다."라고 일침을 가했습니다.

또 주주들이 직원들의 복지를 위해 과도한 돈을 사용한다고 불평을 털어놓자, 슐츠는 "비록 제가 실패할지라도 기업인이 늘 도전해야 할 과제가 있습니다. 기업가는 자신이 몸담은 사회를 좀 더 나은 곳으로 만들기 위해 할 수 있는 모든 일을 다 해야 합니다. 기업은 돈을 벌기 위해서만 있는 것이 아니라, 사회적 역할을 다하기 위해 존재해야 합니다."라고 말하며 자신의 신념을 절대로 굽히지 않을 것이라고 강조했습니다.

슐츠는 공정무역을 통해 스타벅스를 경영하면서 가난한 국가의 농부를 도왔고, 사내 복지제도를 세계 최고 수준으로 갖추면서 직원들과 그 가족에게 행복을 선사해 주었습니다. 기업의 이익 추구를 최고의 가치로 삼는 미국 사회에서 슐츠는 기업을 통해 선을 실천한 인물입니다. 기업이 많은 돈을 벌수록 좋은 일을 많이 할 수 있기에 그는 스타벅스를 더욱 성장시키고자 했습니다. 1987년 슐츠가 시애틀의 작은 커피체인점을 인수한 지 30여 년 만에 스타벅스는 전 세계 70개국 넘는 나라에서 고객들에게 사랑받는 브랜드가 되었습니다.

정점에서 스타벅스를 떠난 슐츠

2018년 1월, 캘리포니아에 있던 스타벅스 매장에서 흑인에 대한 인종차별 사건이 있었습니다. 흑인 손님이 스타벅스 매장에 있던 백인 직원에게 화장실 열쇠를 달라고 하자 백인 직원은 커피를 사야만 화장실을 이용할 수 있다고 말하며 거절했습니다. 그런데 백인 손님이 화장실 열쇠를 달라고 하자 직원은 군말 없이 열쇠를 내주었는데 백인 손님 역시 아직 커피를 구입하지 않은 상태였습니다. 흑인 손님이 명백한 인종차별이라고 항의하면서 한바탕 소동이 일어난 후에야 사태가 잠잠해졌습니다.

같은 해 4월, 필라델피아의 한 매장에서 또다시 인종차별 문제가 불거졌습니다. 젊은 흑인 남성 두 명이 커피를 시키지 않은 채 매장에 앉아 시간을 보내자 백인 직원이 경찰에 신고했습니다. 신고를 받고 출동한 백인 경찰들은 다짜고짜 흑인들의 손에 수갑을 채우고 경찰서로 데려갔습니다. 경찰 조사 결과 흑인들은 다른 사람을 만나기 위해 기다리고 있었기 때문에 미리 주문할 수 없는 처지였습니다.

당시 매장 내에서 벌어진 상황을 스마트폰으로 촬영한 손님이 이

스타벅스 매장에서 체포된 흑인

영상을 유튜브에 올리면서 사태는 걷잡을 수 없이 커졌습니다. 분노한 흑인들이 스타벅스 매장으로 몰려와 연일 시위를 벌이자 회사 이미지도 크게 손상되었습니다.

슐츠는 사태의 심각성을 깨닫고 직접 진화에 나섰습니다. 그는 인종차별을 당한 흑인들에게 보상금을 주었고 이들이 대학에 진학할 경우 학비 전액을 지원하겠다고 약속했습니다. 슐츠는 스타벅스 내에서 인종차별이 일어나는 것을 막기 위해 하루 동안 미국 내 8,000여 개에 이르는 모든 매장의 문을 닫고 직원들을 교육시켰습니다. 그는 스타벅스의 모든 임직원들에게 스타벅스 내에서 인종차별은 결코 용납될 수 없는 범죄행위임을 강조했습니다. 이것이 슐츠가 스타벅스에서 행한 마지막 일이 되었습니다.

2018년 6월, 슐츠는 "내가 사회를 위해 할 수 있는 다음 역할을 찾고 싶다."라는 말을 남긴 채 갑자기 회사를 떠나면서 사람들을 놀라게 했습니다. 그는 시애틀의 작은 커피숍에 지나지 않았던 스타벅스를 세계 최대의 커피 전문점이자 미국 문화의 상징으로 만든 인물입니다. 더는 스타벅스를 통해 이룰 것이 없게 되자 슐츠는 자신을 필요로 하는 곳을 찾기 위해 최고 정점에서 자신이 만든 회사를 떠났습니다.

성공하지 못한
대선 도전

슐츠는 스타벅스를 떠난 후 한동안 휴식시간을 갖다가 이듬해 대선 출마를 선언했다. 그는 언론과의 인터뷰에서 "어릴 적 우리 집은 너무 가난해 월세 96달러의 싸구려 단칸방에서 온 가족이 지내야 했다. 얼마 되지 않는 월세도 내지 못할 때가 많아 집에서 쫓겨날까 봐 마음 졸이고 살아야 했다. 그래도 그 당시까지는 아무 것도 가지지 못한 사람도 성공할 수 있는 기회가 주어졌고, 바로 나 자신이 아메리칸드림을 이룬 대표적인 사례이다. 그러나 요즘 젊은이들에게는 성공할 기회가 예전만큼 주어지지 않는다. 누구나 아메리칸드림을 이룰 수 있는 사회로 바뀌어야 한다."라고 말하며 자신이 미국을 바꾸는 데 기여할 것임을 선언했다.

사실 슐츠는 스타벅스 최고경영자로 일하면서 끊임없이 현실정치에 관해 자신의 소신을 드러냈다. 이를테면 기업인은 제 역할을 다 하지 못하는 정치인에게 후원금을 주어서는 안 된다고 주장하면서 정치자금을 제공하지 않았다. 도널드 트럼프 대통령이 취임 이후 이슬람교도의 미국 입국을 제한하고 미국과 멕시코 국경에 거대한 분리장벽을 세우자, 슐츠는 "미국은 이민자의 나라이다. 외국인들이 들어오지 못하도록 장벽을 쌓을 것이 아니라 더 많은 사람이 들어올 수 있도록 다리

를 놓아야 한다.”라고 말하면서 보수적이고 미국 중심적인 공화당의 정
책에 반기를 들었다.

슐츠는 공화당에 비해 진보적인 민주당을 지지하면서 민주당 정치인
들과 좋은 관계를 맺었다. 그런데 슐츠가 무소속으로 대통령 선거에 출
마하겠다고 선언하자 공화당은 내심 반겼다. 그 이유는 미국의 지난 대
선 결과를 살펴보면 알 수 있다. 그동안 대부분의 미국 대선은 공화당
과 민주당 후보 간의 경쟁으로 막을 내렸다. 그러나 강력한 제3후보가 등
장할 경우 대선에 큰 영향을 미치게 된다.

1992년 대선에는 현역 대통령이자 공화당 후보였던 조지 H.W 부시
가 제3의 후보인 로스 페로_{Ross Perot} 후보로 인해 패배의 쓴맛을 보아야 했
다. 당시 미국은 이웃 국가인 캐나다, 멕시코와 자유무역협정을 추진하
고 있었다. 로스 페로 후보는 멕시코와 자유무역협정을 맺을 경우 미국의
제조업체들이 저렴한 노동력을 찾아 멕시코로 이전할 것이라고 주장했
다. 그러면 미국 내 일자리가 줄어들고 실업률이 높아질 것이라고 경고했
다. 미국 중심주의를 외치던 로스 페로의 주장은 공화당 지지자들의 마음
을 사로잡아 조지 H.W 부시 대통령의 표를 대거 빼앗았고, 그 바람에 민
주당 후보였던 빌 클린턴이 손쉽게 당선되었다.

한편 정반대의 상황도 발생했다. 2000년 대선에서 민주당 후보 앨 고
어_{Al Gore}는 조지 W. 부시 공화당 후보에 비해 상당히 앞서가고 있었다. 그
런데 앨 고어보다 더욱 진보적인 색깔을 가진 녹색당 후보 랄프 네이더
_{Ralph Nader}가 대선에 뛰어들었다. 랄프 네이더 후보는 당시 최대 격전지였

던 플로리다주에서 선전하였고, 그 결과 진보를 지지하는 층이 분열되어 조지 W. 부시 공화당 후보가 어부지리로 대통령에 당선되었다.

2020년에 민주당 성향의 슐츠가 무소속 후보로 대선에 출마하면 민주당의 표를 갉아먹을 것이 분명하기 때문에 공화당이 대통령 선거에서 유리해진다. 슐츠가 대선 출마를 선언하자 도널드 트럼프를 대통령 자리에서 끌어내리고 싶어 하던 민주당 지지자들이 슐츠에게 분노를 표출했다. 그런데 슐츠가 민주당 대선 후보로 나서지 않고 무소속 후보로 나선 데에는 다음과 같은 이유가 있었다.

민주당 대선 후보들은 기업과 부자들에게서 더 많은 세금을 거두어 가난한 사람들을 돕는 정책인 복지제도를 크게 강화해야 한다고 주장했다. 그동안 트럼프가 기업 우대정책으로 미국 내에 수많은 일자리를 만들고 높은 경제성장을 이루자, 그와는 구별되는 정반대의 정책을 내놓아 유권자의 마음을 사로잡기 위해서였다. 슐츠는 부자들에게 세금을 더 걷자는 정치인들의 주장에 반대했다. 그는 성공한 사람들의 돈을 세금이라는 명목으로 빼앗아 가난한 사람을 돕는 것은 돈 벌 자유를 최대로 보장하는 미국 정신과 어울리지 않는다고 생각했다. 게다가 당시 미국 정부의 빚이 21조 달러를 넘은 상태였기 때문에 복지정책을 실천에 옮기면 재정 파탄을 면치 못할 것이라고 했다. 이러한 이유로 슐츠는 독자적인 길을 선택했지만 민주당 지지자들의 압박이 계속되자 끝내 대통령이 되려는 꿈을 접어야 했다.

Andy Grove

반도체 업계의 제왕

앤디 그로브

컴퓨터 세상을 만든 일등 공신 (1936～2016)
세계적인 반도체 기업 인텔의 CEO로 재직하였다. 오늘날 컴퓨터가 인간의 두뇌와 비슷한 방식으로 정보를 처리하도록 만든 공로자이다. 1997년 〈타임〉지에 '올해의 인물'로 선정되었다. 1998년 경제 전문지 〈포춘 Fortune〉은 인텔을 세계 3위의 브랜드 파워를 가진 기업으로 소개했다.

반도체 산업의 시작

1876년은 알렉산더 그레이엄 벨Alexander Graham Bell이 미국 최초로 전화기를 만든 해입니다. 전화는 인간의 음성신호를 전기신호로 바꾸어 보내는 장비로서 세상에 모습을 드러내자마자 사람들의 삶에 큰 영향을 미치기 시작했습니다.

사람의 목소리를 멀리 보내려면 강력한 전기신호가 필요했는데, 이를 위해 사용한 것이 진공관이었습니다. 진공관이란 진공 용기 속에 전극을 집어넣어 전기신호를 증폭하는 장치입니다. 하지만 진공관은 부피가 너무 크고 소비전력이 많으며 고장이 잦아 끊임없이 문제를 일으켰습니다. 이를 해결하기 위해 벨연구소는 반도체를 이용한 새로운 부품 개발에 나섰습니다.

전화기를 발명한 알렉산더 벨

진공관

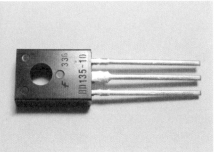
트랜지스터

　1947년 벨연구소의 물리학자들은 반도체를 재료로 하여 진공관을 대체할 수 있는 트랜지스터transistor를 만들었습니다. 반도체는 전기가 흐르지 않는 부도체와 전기가 흐르는 도체의 중간 성질을 갖는 물질로, 자연계의 반도체로는 회백색의 금속원소인 게르마늄이나 비금속 원소인 규소 등 여러 가지 물질이 있습니다. 반도체는 평상시에 전기가 흐르지 않지만 불순물을 첨가하거나 열에 노출되면 전기가 흐르는데, 벨연구소는 반도체인 게르마늄을 이용해 트랜지스터를 제작했습니다.

　부피가 작고 소비전력도 적으며 고장이 거의 없는 트랜지스터가 개발되자 사용하기 불편했던 진공관은 점차 사라졌습니다. 트랜지스터는 전화기, 라디오 등 수많은 전자제품에 폭넓게 사용되었습니다.

　하지만 전자제품의 종류와 기능이 다양해지면서 부품의 양이 폭발적으로 증가하자 부품을 연결하는 일이 힘들게 되었습니다. 트랜지스터, 스위치, 콘덴서, 저항 등 전자제품에 사용되는 수천 개에 이르는 모든 부품을 노동자가 일일이 손으로 납땜질하는 데에는 엄청난 노력과 시간이 필요했습니다.

각 회사마다 전자제품 제조에 어려움을 겪고 있을 때 혜성처럼 등장한 사람이 바로 잭 킬비Jack Kilby였습니다. 1958년 텍사스의 한 전자회사에서 근무하던 그는 여태껏 아무도 생각하지 못한 아이디어를 떠올렸습니다. 전자제품에 들어가는 수많은 부품을 모두 하나의 반도체 물질로 대체할 수 있다면 이전보다 훨씬 쉽게 전자회로를 만들수 있다고 생각한 것입니다.

잭 킬비는 수많은 시행착오 끝에 전자회로의 모든 구성요소를 반도체인 실리콘으로 만드는 데 성공했습니다. 실리콘 위에 수많은 전자회로 구성요소를 올려놓고 회로 전체를 하나의 물질로 뽑아내는 기술이 개발되자, 더는 부품을 연결하기 위해 납땜질을 할 필요가 없었습니다. 또 이전보다 훨씬 작은 크기로 전자회로를 만들 수 있었습니다. 그동안 풀지 못한 난제를 해결함으로써 전자산업은 비약적으로 발전했고, 인류는 전자제품이 주는 편익을 누릴 수 있게 되었습니다.

잭 킬비는 반도체를 이용해 수많은 전자 부품을 집적集積하는 기술을 개발한 공로로 2000년 노벨 물리학상을 수상하는 영광을 누렸으며, 오늘날 공학도들에게 에디슨에 버금가는 존경을 받고 있습니다.

진공관 컴퓨터 에니악

제2차 세계대전이 일어난 후 미국이 전쟁의 소용돌이에 빠져들면서 정부는 강력한 무기를 개발하기 위해 발 벗고 나섰습니다. 살상력을 최대로 높이려면 발사한 포탄을 정확히 적군 진지에 떨어뜨려야 하지만, 이는 쉽지 않았습니다. 포탄이 떨어지는 정확한 위치를 계산하려면 바람의 방향과 세기, 대기 온도 등 갖가지 변수를 모두 고려해야 했기 때문입니다. 수학자들은 수많은 계산식을 세워 포탄의 궤적을 알아내야 했는데, 이는 매우 번거롭고 까다로운 일이었습니다.

미국 국방부는 제2차 세계대전이 한창이던 1943년, 펜실베이니아 대학에 복잡한 계산을 수행할 수 있는 연산장치 즉, 컴퓨터 개발을 의뢰했습니다. 연구를 시작한 지 3년 만인 1946년, 당시로서는 최강의 성능을 지닌 컴퓨터 에니악ENIAC이 탄생했습니다. 에니악은 연산

진공관을 사용해서 만든 최초의 전자식 컴퓨터 에니악

을 위해 1만 8천 개의 진공관을 사용했으며, 그 많은 진공관을 연결하기 위해 무려 130km에 이르는 전선이 필요했습니다. 게다가 부피가 크고 무거운 진공관을 사용했기 때문에 무게가 30톤에 이를 정도로 육중했습니다.

1947년 7월 에니악의 성능을 측정하기 위한 실전테스트에서 컴퓨터 작동을 위해 전원을 넣자마자 문제가 발생했습니다. 1만 8천 개의 진공관을 작동시키는 데 무려 150kw라는 엄청난 전력이 소모된 것입니다. 이로 인해 펜실베이니아 대학 인근 가정의 전력공급에 큰 차질을 빚었습니다. 집집마다 전구가 힘을 잃고 어두워져 주민들은 큰 불편을 겪어야 했습니다. 그런데도 에니악은 수학자들이 하루 종일 걸려도 해결하지 못하는 복잡한 계산을 순식간에 해내며 사람들을 들뜨게 했습니다.

그러나 진공관이 열을 견디지 못하고 쉽게 타버려 엔지니어가 끊임없이 진공관을 교체해야 했습니다. 결국 사용하기 불편했던 에니악은 몇 번만 사용하고 용도 폐기되는 비운을 맞았습니다. 이후 트랜지스터를 활용한 컴퓨터가 등장했지만 성능이 그리 뛰어나지 못해 컴퓨터는 제한적으로만 사용되었습니다.

숨어 지내야 했던 앤디 그로브

1936년 9월, 헝가리 수도 부다페스트Budapest에서 훗날 컴퓨터의 혁

유럽의 중동부 내륙에 위치한 헝가리

명적 변화를 몰고올 앤디 그로브 Andy Grove가 유대인 부모 사이에서 태어났습니다. 어려서부터 병약했던 그는 네 살 때 열병을 앓아 청력을 상당 부분 상실했습니다.

제2차 세계대전이 일어나면서 나치 독일의 히틀러 군대가 유럽 전역을 휩쓸었습니다. 이에 헝가리는 독일군에 맞서기 위해 군사를 모았습니다. 앤디 그로브의 아버지 역시 국가의 부름을 받고 입대하면서 가족과 떨어지게 되었습니다. 군사력이 약한 헝가리는 세계 최강 독일의 적수가 되지 못해, 결국 1944년 나치 독일에 점령당하고 말았습니다.

독일군은 헝가리를 점령하자마자 유대인 사냥에 나서 헝가리 내 유대인 색출에 열을 올렸습니다. 이로 인해 앤디 그로브 가족은 모

유대인 대량 학살이 일어난 폴란드의 아우슈비츠 강제 수용소

두 유대인을 상징하는 '다윗의 별'을 달고 다녀야 했습니다. 얼마 지나지 않아 독일군은 유대인을 아우슈비츠Auschwitz 강제 수용소로 보내 집단학살을 시작했습니다. 어린 앤디 그로브는 아버지와 연락이 두절된 상태에서 남은 가족과 함께 나치 독일의 시퍼런 서슬을 피해 필사적으로 숨어 지냈는데 다행히도 아우슈비츠로 가지 않아 목숨을 건질 수 있었습니다.

1945년 종전 후 독일군에 포로로 잡혀 있었던 앤디 그로브의 아버지가 고향으로 돌아와 국영 가축회사 관리자로 일하면서 처음으로 가정에 평화가 찾아왔습니다. 전형적인 헝가리 엘리트였던 앤디 그로브의 아버지는 직장 내에서 능력을 인정받아 승승장구했고, 가족은 경제적으로 안락한 삶을 누렸습니다. 이때가 앤디 그로브의 어린

헝가리를 침공한 소련군

시절 중 가장 행복한 때였습니다.

미국으로의 망명

제2차 세계대전 후 나치 독일이 물러났지만, 헝가리에 평화가 찾아오지는 않았습니다. 나치 독일이 떠난 자리를 소련이 차지하면서 헝가리는 사회주의자들의 압제에 시달려야 했습니다. 소련은 세계를 공산화하려는 목표 아래 동유럽 국가들을 소련의 위성국가로 전락시키며 사사건건 내정간섭을 일삼았습니다. 동유럽 국가 중에서도 의식 수준이 높았던 헝가리 국민들은 소련을 향해 압제 중단과 민주주의 회복을 줄기차게 요구했습니다.

1956년 10월, 민주화를 요구하는 수많은 국민들이 거리로 뛰쳐나왔습니다. 그들은 소련군의 즉각적인 철수, 사상과 표현의 자유, 정치범 석방 등 16개 항목을 요구하며 대규모 시위에 나섰습니다. 정치 지도자들은 국민의 뜻을 받들어 과감한 개혁 조치를 취했습니다. 정부는 구속된 민주화 인사들을 석방하고 도시 곳곳에 설치된 스탈린*동상을 파괴하며 소련군의 전면 철수를 요구했습니다. 또 비밀경찰을 폐지하고 언론의 자유를 보장해 주었습니다.

헝가리가 소련의 영향력을 벗어나려고 하자, 소련은 15만 정예군과 탱크 1천여 대를 투입해 힘으로 민주화 요구를 억누르려고 했습니다. 소련군의 잔혹한 탄압으로 수많은 헝가리 사람들이 피를 흘렸

---

* 소련의 정치가. 노동운동가이자 독재자로, 1924년~1953년에 걸쳐 소련의 최고 권력자로 군림했다.

고, 헝가리에는 다시 허수아비 친소정권이 들어섰습니다.

이를 지켜보던 스무 살 청년 앤디 그로브는 큰 충격을 받고 자유를 찾아 탈출해야겠다는 생각을 품었습니다. 그는 목숨을 걸고 소련군이 지키는 국경선을 홀로 넘어 오스트리아에 도착했습니다.

앤디 그로브는 오스트리아에서 국제구호위원회의 도움으로 난민 자격을 인정받고 미국으로 건너갔습니다. 당시 그의 수중에 있던 돈은 20달러가 전부였습니다. 미국에서 새 삶을 시작하게 된 앤디 그로브는 학비가 전액 무료인 뉴욕 주립대학교를 졸업하고 캘리포니아 주립대학에서 공학박사 학위를 얻은 후, 1963년 미국의 대표적인 반도체 회사 페어차일드Fairchild에 입사해 사회에 첫발을 내디뎠습니다.

앤디 그로브는 회사에 입사해 곧바로 두각을 나타내며 경영진의 주목을 받았습니다. 당시 회사 연구원들은 반도체 개발을 위한 수학적 계산에 골머리를 앓고 있었는데, 앤디 그로브가 수식 계산을 쉽게 하는 프로그램을 개발해 낸 덕분에 쉽게 일 처리를 할 수 있었습니다.

페어차일드에서 반도체 설계 엔지니어로 역량을 키우던 앤디 그로브는 입사 5년 만인 1968년 새로운 길을 걷게 되었습니다. 그는 페어차일드 반도체 출신의 로버트 노이스Robert Noyce와 고든 무어Gordon Moore가 설립한 신생 반도체 제조 기업 인텔Intel에 합류하면서 벤처 세계로 들어섰습니다. 세 명의 엔지니어는 미국 최고의 반도체 기술자로서 창업 이후 세계 반도체 역사에 획을 긋는 제품을 만들기 시작했습니다.

마이크로프로세서 시대의 개막

신생 반도체 회사 인텔은 엔지니어들의 천부적인 능력을 바탕으로 반도체 설계에서 두각을 나타냈습니다. 초창기 인텔은 자료저장에 활용되는 메모리반도체 개발에 온 열정을 쏟아 대용량 고품질의 메모리반도체를 시장에 선보였습니다. 회사 경영이 정상궤도에 오른 1971년부터는 해마다 대규모 흑자를 냈습니다.

1970년대 중반이 되자 메모리반도체 산업에 커다란 변화가 찾아왔습니다. 도시바, 히타치, NEC 등 일본 업체가 반도체 산업에 대거 뛰어들면서 메모리반도체 시장은 치열한 경쟁 상태에 돌입했습니다.

인텔을 비롯한 미국 반도체 회사들은 일본이 반도체를 만들어 낼 것이라고는 상상조차 하지 못했습니다. 반도체는 쉽게 따라할 수 없는 최고도 첨단기술의 결정체였기 때문입니다. 반도체는 모래에서 추출한 규소를 고온의 전기로에서 열을 가해 액체 상태로 만들고, 이를 둥그렇고 얇은 판인 웨이퍼wafer로 만든 후 웨이퍼 위에 수많은 전기회로를 집어넣어 완성됩니다. 이 모든 과정은 철저히 비밀로 유지되어 쉽게 따라할 수 없습니다. 그런데도 일본 기업들은 미국 반도체 회사 특허를 분석한 후, 많은 시행착오 끝에 메모리반도체를 생산하는 데 성공했습니다.

정보를 저장하는 용도로 사용되는 메모리반도체

중앙처리장치의 기능을 갖춘 초소형 집적회로
마이크로프로세서

1974년 100%에 달하던 메모리반도체 시장 점유율이 1980년대 중반에는 20%대를 간신히 유지하면서, 미국 반도체 회사는 생존 위기에 처했습니다. 1980년대 중반이 되자 일본의 기술력은 미국을 훨씬 뛰어넘어 세계 최고 수준에 이르렀습니다. 일본은 1949년 유가와 히데키 교수가 동양 최초로 노벨 물리학상을 받았을 정도로 탄탄한 기초과학을 보유한 나라로서, 전자 분야에서는 미국에 뒤지지 않는 기술력을 보유한 국가였습니다.

일본이 시장에 메모리반도체를 대량으로 쏟아냄에 따라 가격이 10분의 1로 폭락하면서 메모리반도체로 더는 이윤을 내기가 어려워졌습니다. 1985년, 인텔의 대표 앤디 그로브는 그동안 회사를 먹여 살려 왔던 메모리반도체를 포기하는 대신 고도의 기술력을 필요로 하는 마이크로프로세서microprocessor를 개발하기로 결심했습니다.

메모리반도체가 자료를 저장하는 단순한 역할을 한다면, 마이크로프로세서는 모든 정보를 처리하는 가장 중요한 역할을 합니다. 인텔은 인간의 두뇌와 같은 역할을 하는 마이크로프로세서 개발에는 고도의 창의력이 필요하기 때문에 일본이 쉽게 따라올 수 없을 것이라고 생각했습니다.

엔디 그로브를 주축으로 한 인텔 연구원들이 마이크로프로세서를 만들기 위해 밤낮없이 일한 결과, 인간의 두뇌와 비슷한 방식으로 정보를 처리하는 반도체가 탄생했습니다. 1990년대 본격적으로 PC(개인용 컴퓨터)가 보급되면서 인텔의 마이크로프로세서는 비싼 가격에 날개 돋친 듯 팔려 나갔습니다. 이처럼 인텔은 남들이 생각지도 못한 마이크로프로세서라는 블루오션을 개척함으로써 반도체 분야의 독보적인 기업으로 올라서며 일본 기업의 추격을 따돌렸습니다.

새로운 경쟁자의 등장

인텔은 마이크로프로세서 시장에서 한동안 독점적인 지위를 누리며 엄청난 돈을 벌었습니다. 하지만 얼마 지나지 않아 강력한 도전자가 나타났습니다. 인텔이 설립된 이듬해인 1969년 AMD라는 신생 반도체 회사가 설립되었습니다. AMD 역시 인텔처럼 페어차일드 반도체 연구원 출신들이 세운 회사로 뛰어난 기술력을 확보하고 있었습니다.

페어차일드 반도체 입장에서는 인텔이나 AMD 모두 용납할 수 없는 회사였습니다. 두 회사 모두 페어차일드의 기술로 반도체를 만들었기 때문입니다. 인텔과 AMD는 기술적 뿌리가 같았던 만큼 상대방의 기술을 쉽게 모방할 수 있

인텔과 AMD 로고

인텔의 386 마이크로프로세서 AMD의 Am386 마이크로프로세서

었습니다. AMD는 인텔이 만든 마이크로프로세서와 비슷한 성능의 제품을 보다 저렴한 가격에 공급하며 인텔의 시장 점유율을 야금야 금 갉아먹었습니다. 컴퓨터 제조회사 입장에서는 성능이 비슷하다면 저렴한 제품을 쓰는 것이 이익이 되었기 때문에 AMD는 저가를 무 기로 시장 점유율을 높였습니다.

게다가 AMD는 제품명까지 모방하며 인텔을 자극했습니다. 인텔 이 '386'이라는 제품을 출시하자, AMD는 'AM386' 제품을 곧바로 출시하며 소비자를 헷갈리게 만들었습니다. 이에 인텔의 앤디 그로 브는 법원에 AMD가 '386'이라는 고유 모델명을 도용했다며 제소했 습니다. 그러나 법원은 "386은 단순한 숫자 나열에 지나지 않기 때문 에 고유 모델명으로 인정할 수 없다."라고 판결하며 AMD의 손을 들 어주었습니다. 위협을 느낀 앤디 그로브는 색다른 경영전략을 구상하기 시작했습니다.

인텔 인사이드

1991년 앤디 그로브는 세계 1,600여 개에 이르는 컴퓨터 제조회사를 대상으로 희한한 제안을 했습니다. 컴퓨터 제조사들이 자사 컴퓨터를 TV로 광고할 때 인텔 인사이드Intel Inside라는 효과음을 내주거나, 컴퓨터 외부의 눈에 잘 띄는 곳에 '인텔 인사이드'라는 스티커를 붙여주기만 하면 마이크로프로세서 가격을 6% 할인해 준다는 파격적인 제안이었습니다.

앤디 그로브의 제안을 받은 컴퓨터 제조사들은 그를 특이한 사람이라고 생각했습니다. 컴퓨터 속에 들어가는 마이크로프로세서를 만드는 인텔이 컴퓨터 제조사가 아니라 일반 소비자를 대상으로 부품 광고를 하겠다는 이유를 도저히 알 수 없었기 때문입니다.

인텔의 달콤한 제안을 받은 대부분의 컴퓨터 제조사는 TV광고나 제품 표면에 '인텔 인사이드'라는 광고 문구를 노출해 주었습니다. 시간이 흐를수록 소비자들은 인텔 브랜드에 익숙해지기 시작했습니다.

앤디 그로브가 7년 동안 40억 달러에 이르는 엄청난 돈을 쏟아부으며 인텔 브랜드를 알리기 위해 노력한 결과, 인텔은 나이키보다 더 유명한 브랜드가 되었습니다. 1998년 미국의 유명 경제지 '포춘'의 발표에 따르면 인텔은 탄산음료 브랜드인 코카콜라와 담배 브랜드

말보로_{Marlboro}에 이어 세계 3위의 브랜드 파워를 가진 유명한 회사가 되었습니다.

소비자들은 점점 인텔 인사이드 컴퓨터만을 찾게 되고, 다른 회사 제품은 꺼렸습니다. 사실 인텔과 AMD 제품 간의 성능 차이는 그리 크지 않았지만 인텔 인사이드 광고의 영향으로 소비자들은 인텔 마이크로프로세서를 명품처럼 여겼습니다. 인텔은 마이크로프로세서 분야에서 시장 점유율이 90%를 넘어가며 독점적 지위를 차지하자 가격을 대폭 인상하기 시작했습니다. 소비자들이 인텔 인사이드 제품이 아니면 구입하려 들지 않는 점을 이용한 것이었습니다.

일부 대형 컴퓨터 제조사들은 그제야 인텔의 숨은 의도를 깨닫고 광고를 중단했지만 이미 때가 늦었습니다. 소비자들이 인텔 인사이드 스티커가 붙어 있지 않은 컴퓨터를 아예 거들떠보지도 않았기 때문에 컴퓨터 제조사들은 울며 겨자 먹기로 계속 인텔 인사이드 광고를 해야 했습니다.

인텔은 광고 대가로 6%를 할인해 주고도 이전보다 큰 이익을 남길 수 있을 만큼 제품 가격을 계속 올렸습니다. 인텔 인사이드 광고는 일개 부품 회사에 지나지 않던 인텔을 세계적인 기업으로 성장시킨 원동력이었으며, 앤디 그로브의 탁월한 경영 능력을 보여준 일화가 되었습니다.

독특한 조직문화

인텔이 세계 최대의 반도체 회사로 우뚝 섬에 따라 해마다 엄청난 수익을 올리는 동시에 직원은 전 세계에 걸쳐 수만 명으로 늘어났습니다. 회사를 반석 위에 올려놓은 앤디 그로브 역시 세계적인 억만장자가 되었지만, 그는 이전과 똑같이 검소한 생활을 했습니다. 직원들보다 나을 게 하나 없는 구형차를 손수 몰고 다닐 정도로 별다른 특권을 누리지 않았습니다.

앤디 그로브는 회사에 평등 문화를 정착시키기 위해 누구라도 특권을 누릴 수 없도록 했습니다. 이로 인해 대표부터 말단 사원까지 두 평 남짓한 크기의 공간에서 똑같은 책상을 사용하도록 했습니다. 주차장도 모두 평등하게 이용했기에 최고경영자인 자신도 주차 공간을 찾아 회사를 몇 바퀴씩 돌곤 했습니다. 또 회의 시간에 누구나 자기 생각을 밝힐 수 있는 분위기를 만들어 갔습니다.

앤디 그로브는 평소 사람들에게 "회의 시간에 아무 말이 없는 사람은 아무 생각이 없거나 분위기 때문에 하고 싶은 말을 못 하거나 둘 중 하나다. 머릿속에 생각이 없는 사람이라면 회사에서 당장 쫓아내야 하지만 분위기 때문에 말할 수 없다면 회사에 문제가 있는 것이다."라고 주장하며 자유로운 아이디어 교환을 중시했습니다. 그렇지만 회의 시간 외에는 모든 잡담은 금지되었으며 음악을 들어서도 안 되었습니다.

앤디 그로브는 직원들에게 자율적으로 목표를 정하도록 했지만 일단 목표가 정해지면 철저히 체크하기로 유명했습니다. 회의 시간에는 누구에게나 자유로운 발언이 보장되었지만, 입에서 나온 말을 모두 적은 후 실천 여부를 확인했습니다. 직원들은 지나치게 꼼꼼한 앤디 그로브를 부담스러워할 수밖에 없었습니다.

앤디 그로브는 수시로 돌아다니면서 직원들의 책상까지 일일이 검사했습니다. 만약 책상이 어지럽거나 먼지가 많으면 잔소리를 들어야 했습니다. 또 시간 관리에 엄격했던 그는 출근 시간 엄수를 중시했습니다. 지각자의 경우 지위 고하를 막론하고 지각자 명단에 이름을 공개한 후 특별관리 대상으로 삼았습니다. 직원들은 지각자 명단 공개 제도를 무척 싫어했지만, 누구도 앤디 그로브의 고집을 꺾을 수는 없었습니다.

앤디 그로브는 회사의 기술이 유출될까봐 전전긍긍하며 직접 직원 단속에 앞장선 것으로 유명합니다. 스스로가 페어차일드 반도체에서 습득한 기술을 이용해 돈을 번 사람이기 때문에, 직원들이 경쟁업체로 기술을 넘기거나 독립적으로 회사를 차릴까 항상 의심의 눈초리로 바라볼 수밖에 없었습니다. 그는 회사를 떠나려는 사람들 가운데 능력 있는 엔지니어를 자신의 방으로 불러들여 인텔에서 배운 기술을 유출할 경우 가만히 두지 않겠다고 경고했습니다.

세계 최대 반도체 회사 경영자의 경고를 받은 퇴사자들은 상당한 심적 부담을 느낄 수밖에 없었습니다. 실제로 기술 유출이 발생하면 앤디 그로브가 직접 행동에 나서서 소송을 진두지휘하며 유출자에 대한 응징에 들어갔습니다. 앤디 그로브가 퇴직자를 상대로 빈번히 소송을 벌이자, 인텔 직원들은 다른 회사로 옮기는 것을 주저하게 되었습니다.

인텔의 퇴조

21세기 들어 PC는 생활의 일부가 되면서 매년 수억 대씩 판매됩니다. PC시장이 폭발적으로 커지면서 많은 기업이 돈을 벌 수 있으리라는 기대를 했지만, 실상은 달랐습니다. 컴퓨터를 팔아 돈을 버는 회사는 인텔과 마이크로소프트밖에 없다는 말이 나올 정도로 두 기업이 이익을 독식하면서 적지 않은 문제를 일으켰습니다.

컴퓨터 운영체계를 독점하는 마이크로소프트와 마이크로프로세서 시장의 절대강자인 인텔의 영향력이 너무 크다 보니, 이들 기업과 경쟁하려는 기업이 나타나지 않으면서 컴퓨터 산업은 활기를 잃기 시작했습니다. 마이크로소프트와 인텔은 자사의 이익이 극대화되는 선에서 가격을 정했기 때문에 전 세계 소비자를 대상으로 엄청난 이익을 취했습니다. PC는 인텔의 대표 앤디 그로브를 억만장자로 만들어주었고, 마이크로소프트의 대표 빌 게이츠를 세계 최고 부호의 반열에 올려놓았습니다.

하지만 2007년 애플Apple Inc.에서 세계 최초의 스마트폰인 아이폰을

세계 최초의 스마트폰인 아이폰

시장에 내놓으면서 세상이 바뀌기 시작했습니다. 처음 아이폰이 세상에 등장했을 때 PC업계의 두 황제 앤디 그로브와 빌 게이츠는 대수롭지 않게 여겼습니다. 손바닥만 한 휴대 전화기로는 할 수 있는 일이 거의 없다고 생각했기 때문입니다.

스마트폰은 빠르게 진화를 거듭하면서 점차 PC의 영역을 침범하기 시작해, 등장한 지 불과 5년 만에 세계 사람들의 필수품이 되었습니다. 인터넷 검색은 물론 게임, 쇼핑, 교육 등 기존에 PC에서 하던 일 대부분을 할 수 있게 되면서 인텔과 마이크로소프트 모두 큰 위기를 맞게 되었습니다.

스마트폰도 컴퓨터의 일종이기 때문에 머리 역할을 하는 마이크로프로세서가 필요한데, 이를 일컬어 AP_{Application Processor} 반도체라고 합니다. 인텔이 방심한 틈을 타 반도체 설계업체인 암홀딩스_{ARM Holdings}

가 세계 AP반도체 시장을 장악해 버렸습니다.

1990년 영국 케임브리지에서 설립된 반도체 회사 암홀딩스는 반도체 업계에서 매우 독특한 존재입니다. 세계 유수의 반도체 회사는 대부분 미국 기업이지만 암홀딩스는 반도체 불모지나 다름없는 영국에서 설립된 기업입니다. 대부분의 반도체 회사는 설계부터 생산까지 모든 과정을 일괄적으로 처리하며 수익을 극대화하지만, 암홀딩스는 반도체 공장 하나 없이 오직 설계만을 담당했습니다.

연구원들은 스마트폰이 모바일 기기라는 점을 중시해 최소 전력으로 최대한 오래 작동할 수 있는 AP반도체를 설계하는 데 성공해, 자신들이 개발한 기술을 스마트폰 생산업체나 반도체 업체에 로열티를 받고 제공했습니다.

대부분의 기술 기업들이 많은 로열티를 받고 자신들이 엄선한 기업에만 기술을 제공하는데 반해 암홀딩스는 매우 적은 로열티만 받고 기술을 제공해 주었습니다. 그러자 전 세계 스마트폰 생산기업들이 암홀딩스의 기술을 기반으로 각자의 필요에 맞게 독자적인 AP반도체를 제작해 사용했습니다. 암홀딩스는 순식간에 AP반도체의 절대 강자가 되었습니다.

암홀딩스는 고객사들 스스로 독자적인 AP반도체를 개발하기보다는 암홀딩스의 기술을 활용하는 것이 낫다고 여길 정도로 낮은 로열티를 정해 경쟁사의 등장을 막았습니다. 로열티가 높으면 고객사들

구글이 무료로 배포한 스마트폰용 운영체계 안드로이드

이 저마다 독자적인 기술을 개발하기 위해 노력할 것이고, 이는 장기적으로 보면 자사의 고객 이탈을 의미하기 때문입니다. 이렇듯 매우 낮은 로열티를 받은 데에는 암홀딩스의 숨은 전략이 있었습니다.

암홀딩스는 스마트폰 회사들이 성공할 수 있도록 자사가 줄 수 있는 모든 서비스를 제공했습니다. 고객사인 스마트폰 회사가 성공해 더 많은 스마트폰을 팔 수 있게 되면 암홀딩스의 로열티 수입도 늘어날 것이기 때문에 상생의 길을 걷고자 했습니다. 암홀딩스는 독점적 지위를 이용해 수익극대화를 추구한 인텔과 정반대 방법인 윈Win-윈Win전략으로 큰 성공을 거두었습니다.

스마트폰에 사용되는 운영체계Operating System, OS 채택에서도 비슷한 일이 벌어졌습니다. 스마트폰이 처음 등장했을 때 인터넷 검색 사이트를 운영하던 구글은 재빨리 스마트폰용 운영체계인 안드로이드Android를 개발해 무료로 배포했습니다. 그동안 PC용 운영체계인 윈도우Windows를 비싼 값에 팔아 막대한 수익을 올리고 있던 마이크로소프트는 구글처럼 발 빠르게 시장에 대응하지 못했습니다. 게다가 힘들게 개발한 운영체계를 구글처럼 공짜로 나눠 주는 일을 내켜 하지 않았습니다.

PC시대의 황제로 군림했던 인텔과 마이크로소프트는 타성에 젖어 시대의 변화에 적응하는 데 실패했기에, 매출 감소와 대량 해직이라는 홍역을 앓아야 했습니다.

떠나간 반도체의 제왕

1971년 인텔이 처음 내놓은 손가락 두 마디 크기의 반도체에는 2,300개의 트랜지스터가 들어 있었지만, 2015년 개발된 제품에는 무려 19억 개의 트랜지스터를 집어넣는 기술적인 발전이 있었습니다. 반도체의 성능은 그 속에 들어 있는 트랜지스터의 개수와 비례하기 때문에 지난 40여 년 동안 무려 82만 6천여 배나 증가한 것입니다.

1965년 인텔의 공동 창업주 고든 무어는 "반도체 속에 집적할 수 있는 트랜지스터의 수는 18개월마다 두 배씩 늘어난다."라는 이른바 '무어의 법칙'을 주장하며 반도체 성능이 끊임없이 발전할 수 있을 것이라는 낙관론을 펼쳤습니다. 인텔은 부단한 노력을 기울여 2015년까지 무어의 법칙을 지켜냈습니다.

인텔은 작은 반도체 안에 수십억 개의 트랜지스터를 넣기 위해 나노 단위의 기술까지 개발했지만, 점차 기술적 진보의 한계에 부딪치게 되었습니다. 손톱만 한 반도체 안에 수많은 트랜지스터를 집적하자 회로 간의 간격이 좁아져 오작동 가능성이 커진 것입니다. 이처럼 인텔이 기술적 한계에 봉착해 위기를 맞고 있는 상황에서 2016년 3월, 앤디 그로브는 세상을 떠났습니다. 그는 1995년 전립선암 판정을 받았지만, 측근에게까지 발병 사실을 숨기며 암과 투쟁을 벌여 이겨 낸 사람입니다. 하지만 2000년도에 파킨슨병이 덮치자 그도 별다른 도리가 없었습니다.

앤디 그로브는 파킨슨병과 투병하는 과정에서도 2005년까지 인텔을 이끌었을 정도로 열정적인 인생을 살았지만 이후 건강이 급격히 악화되어 더는 자리를 지킬 수 없었습니다. 그가 파킨슨병을 극복하지 못하고 79세의 나이로 세상을 떠나자 정보통신 업계에 종사하던 수많은 사람이 그의 죽음을 아쉬워하며 슬퍼했습니다.

오늘날 집집마다 사용하는 PC가 고성능을 유지하면서 다양한 일을 처리할 수 있는 것은 반도체왕, 앤디 그로브가 일생을 바쳐 마이크로프로세서를 개발한 덕분입니다. 요즘은 저가형 PC도 1946년에 거액을 들여서 만든 미국 최초의 컴퓨터 에니악에 비해 1만 배 이상의 성능을 자랑합니다. 앤디 그로브는 컴퓨터 없이 살 수 없는 세상을 만든 일등 공신으로서 반도체 업계의 전설로 남았습니다.

★

마이크로프로세서 설계의 황제
짐 켈러

세상을 떠난 앤디 그로브는 탁월한 마이크로프로세서 설계자이자 경영자로, 인텔을 최고의 반도체 기업으로 만들었다. 경쟁업체라고 해보았자 지구상에 딱 하나, AMD밖에 없었는데 이 회사가 망할까봐 인텔은 고민이었다. 만약 적자투성이 기업인 AMD가 망하게 되면 인텔은 독점기업이 되어 이전보다 강력한 정부의 규제를 받아야 했기 때문이다.

그런데 1998년, 망해가던 AMD에 짐 켈러라는 천재 엔지니어가 등장하면서 분위기가 바뀌었다. 어릴 적부터 공학에 관심이 많았던 짐 켈러는 펜실베이니아 주립대학에 진학해 반도체를 공부했다. 창의성이 남달랐던 그는 일찌감치 반도체 설계자로 명성을 날리다가 AMD에 입사, 마이크로프로세서 설계를 맡게 되었다.

짐 켈러는 인텔도 개발하지 못한 64비트 CPU인 애슬론64 Athlon64를 세상에 내놓았다. 당시 인텔의 마이크로프로세서는 32비트의 응용프로그램밖에 처리하지 못 하는 상태였는데 AMD의 마이크로프로세서는 64비트의 응용프로그램을 처리할 만큼 강력했다. 그의 업적은 이 정도로 끝나지 않았다. 역사상 최초로 듀얼코어를 넣은 마이크로프로세서를 개발해 세상을 깜짝 놀라게 했다. 코어core는 인간의 두뇌에 해당하는 것으로 한 개보다는 두 개의 코어가 정보를 훨씬 빨리 처리할 수 있다. 짐 켈러가 마이크로프로세서의 혁명적인 발전을 이루자 애슬론64는 뛰어난 성능을 바탕으로 시장 점유율을 크게 늘려 갔다.

2008년 애플로 자리를 옮긴 짐 켈러는 스마트폰용 중앙처리장치인 AP 개발에 나섰다. 애플은 2007년에 아이폰을 내놓으며 스마트폰 시대를 열었지만 AP를 만드는 기술이 없어 외국 업체인 삼성전자에 의존해야 했다. 결국 아이폰의 특성에 맞는 고성능 AP를 개발하기 위해 짐 켈러를 영입했고 짐 켈러는 얼마 후 아이폰 전용 AP인 A4를 개발했다.

전원만 연결하면 전기를 무제한 사용할 수 있는 일반 컴퓨터와 달리, 배터리를 사용하는 스마트폰은 가능하면 적은 전력을 소비해야 한다. 짐 켈러는 저전력에서 작동하는 최고 성능의 AP를 만들어 아이폰의 경쟁력을 높였다. 애플은 더 이상 외국 업체에 의존하지 않게 되었고 아이폰의 성능을 비약적으로 끌어올릴 수 있었다.

짐 켈러가 떠난 이후 AMD는 획기적으로 성능이 향상된 마이크로프로세서를 만들지 못해 다시 몰락의 길을 걷게 되었다. 평범한 엔지니어들이 머리를 맞대고 신형 마이크로프로세서 제작에 열을 올렸지만 혁신적인 제품을 만들어내지 못했다. AMD가 몰락의 길을 걷자 투자자들도 등을 돌려 주가는 바닥을 모른 채 내려갔다. AMD는 살아남기 위한 최후의 방편으로 짐 켈러에게 도움을 요청했다.

2012년, 짐 켈러는 한때나마 몸담았던 AMD를 구하기 위해 다시 입사해 신제품 개발에 나섰다. 그가 AMD로 돌아온 이유는 인텔의 마이크로프로세서 시장 독점을 막기 위해서였다. AMD가 파산하면 경쟁자가 없어진 인텔은 더 이상 신기술 개발에 막대한 돈을 쓰지 않을 것이고, 이는 기술발전의 저해를 불러오게 된다. 또한 소비자는 인텔이 정한 비싼 값으로 제품을 구입해야만 한다. 짐 켈러는 이 점을 우려한 것이다.

2017년, AMD는 짐 켈러 덕분에 뛰어난 성능에 저렴한 가격을 갖춘 CPU, 라이젠Ryzen을 내놓았다. 라이젠이 엄청난 인기를 얻으면서 AMD는 부활에 성공했고, 마이크로프로세서 시상에서 섬유율이 20% 이상으로 상승하며 인텔을 위협하기에 이르렀다.

AMD가 라이젠으로 시장을 잠식했지만, 그동안의 성공에 취해 있던 인텔의 경영진은 대수롭지 않게 여겼다. AMD가 아무리 발버둥쳐도 인텔을 따라올 수 없을 것이라고 판단해 비용 절감을 내세워 엔지니어들을 대거 해고하는 실수를 범했다. 인텔은 연구개발을 소홀히 하다가 기술적으로 AMD에 따라 잡히자 생존의 위협을 느끼게 되었다.

2018년, 인텔은 AMD에 뒤처지지 않기 위한 최후의 승부수로 짐 켈러의 영입을 선택했다. 인텔의 수많은 엔지니어들도 '마이크로프로세서의 거장', 'CPU의 황제'라는 별명을 가진 짐 켈러의 창의성을 따라올 수는 없었다. 이번에도 짐 켈러는 AMD가 시장을 독점하지 못하도록 라이젠을 뛰어넘는 인텔의 신제품 개발에 나섰다. 기존에 없던 혁신적인 마이크로프로세서를 개발하기 위해서는 수년간의 시간이 필요하기 때문에, 그 기간에 인텔은 AMD와 치열한 생존경쟁을 해야 하는 처지이다. 그러나 현존하는 최고의 마이크로프로세서 설계자인 짐 켈러를 품 안에 들였기 때문에 인텔의 화려한 부활은 시간문제라고 평가받고 있다.

07

Herb Kelleher

괴짜 사업가

허브 켈러허

항공기의 대중화를 선도한 웃음 경영인 (1931~2019)
최초의 저가 항공사인 사우스웨스트 항공의 창업자이다. 불필요한 비용을 절
감하여 버스처럼 편하게 이용할 수 있는 항공 시대를 열었으며, 직원들에게는
업계 최고 수준의 대우를 해 주었다. 이윤 극대화를 최고의 가치로 두고 주주
의 입맛에 맞추는 여느 기업들과는 정반대의 길을 걸어 많은 존경과 사랑을
받았다. 사우스웨스트는 9·11 테러 이후 고객만족도 1위 항공사로 인정받으
면서 미국인들에게 좋은 서비스를 제공하는 회사로 자리매김했다.

괴짜 경영자의 탄생

1931년, 허브 켈러허Herb Kelleher는 뉴저지주에서 태어났습니다. 식품 공장 간부였던 그의 아버지는 정직하면서도 엄격해 자식들에게 책임 감을 강조했습니다. 제2차 세계대전이 일어나자 켈러허의 아버지는 어린 켈러허를 두고 큰아들과 함께 전쟁터로 나갔습니다. 아버지가 가족과 함께 전쟁터에 나간 것은 사회의 구성원으로서 책임을 다하는 것이 시민의 도리라고 확신했기 때문입니다.

켈러허의 아버지와 형은 전쟁터에서 살아 돌아오지 못했습니다. 집안에는 가족을 부양할 가장이 없어져 가세가 급격히 기울기 시작했습니다. 누나는 아버지의 빈자리를 메우기 위해 일자리를 찾아 뉴욕으로 떠나고 집에는 어머니와 켈러허만 남았습니다.

로스쿨 재학 시절의 허브 켈러허

미국의 대형 항공사
유나이티드 항공

세계 최대 항공사
델타 항공

켈러허의 어머니는 "사람은 지위고하를 막론하고 소중한 존재이기 때문에 공평하게 대우해 주어야 한다. 지위나 직함은 사람의 됨됨이를 판단하는 근거가 될 수 없다. 다른 사람을 진심으로 대접할 때만 그의 마음을 얻을 수 있다."라는 가르침을 어린 아들에게 주었습니다. 어머니의 인성교육은 아들의 가치관에 큰 영향을 미쳐 켈러허 역시 훌륭한 인격을 갖춘 인물로 성장했습니다.

학업에서도 뛰어난 재능을 보인 켈러허는 뉴욕대학교 로스쿨에 진학해 우수한 성적으로 졸업한 후, 뉴저지주 대법원에서 재판연구원으로 법조인 생활을 시작했습니다. 그런데 그의 아내가 객지 생활 대신 고향인 텍사스로 돌아가고 싶어 했습니다. 켈러허는 출세가 보장된 재판연구원 자리를 망설임 없이 포기한 채 텍사스로 떠났습니다. 텍사스 샌안토니오San Antonio에 정착한 그는 기업 전문변호사로서 탁월한 능력을 발휘하며 성공 가도를 달렸습니다. 텍사스의 수많은 기업이 일을 맡겨, 그는 곧 지역을 대표하는 힘 있는 변호사가 되었습니다.

1967년, 변호사로 명성을 날리던 켈러허에게 인생의 전환점이 찾아왔습니다. 그의 고객이자 항공 관련 일에 종사하던 롤린 킹Rollin King이 항공사를 운영하자는 제안을 한 것입니다. 당시 텍사스주는 역동적인 경제성장을 지속하며 인구가 급격히 증가하고 있었기 때문에 항공서비스에 대한 수요가 계속 늘어나고 있었습니다.

항공사를 세우기로 한 켈러허는 항공업계에서 성공할 방법을 연구했습니다. 그런데 항공 운수업은 오래전부터 막대한 자본을 가진 거대 항공사를 중심으로 운영되어 왔기 때문에 신생 항공사가 살아남기란 불가능에 가까웠습니다. 유나이티드 항공United Airlines이나 델타 항공Delta 같은 초대형 항공사가 수백 대 넘는 비행기를 보유하고서 미국 전역은 물론 전 세계를 연결하며 시장을 장악하고 있었기 때문에 켈러허는 틈새시장을 찾아야 했습니다.

저가 항공사의 출발

미국은 동부에서 서부까지 이르는 거리가 4,000km에 달할 정도로 큰 나라입니다. 따라서 다른 나라에 비해 일찌감치 항공교통이 발달할 수밖에 없었습니다. 이로 인해 미국의 창공은 항공사들 간의 치열한 경쟁의 장이 되어 왔습니다.

예전부터 항공요금은 철도나 고속버스보다 훨씬 비싸 중산층 이상만 항공기를 이용할 수 있었습니다. 켈러허는 바로 이 점에 주목했습니다. 항공요금을 버스나 철도요금 수준으로 대폭 낮출 수만 있다면 중산층 이하 서민들도 비행기를 이용할 수 있게 될 것이고, 그렇게만 된다면 비싼 요금을 받는 기존 대형 항공사와 경쟁해 볼 만하다고 생각했습니다.

켈러허와 롤린 킹은 미국 남부의 대표 도시인 샌안토니오, 휴스턴, 댈러스를 삼각형으로 연결하는 단거리 노선을 만들어 초저가에 운행

저가 항공사 사우스웨스트의 비행기

하기로 했습니다. 그들은 곧바로 사우스웨스트 항공사Southwest Airlines, 이하 사우스웨스트를 차렸지만, 기존 대형 항공사의 방해 공작으로 영업을 할 수 없었습니다.

1971년이 되어서야 비로소 비행기 한 대를 빌려서 하늘에 띄울 수 있었고, 생각보다 반응이 좋았습니다. 당시 텍사스 내 도시들을 잇는 기존 항공사의 요금은 27달러였으나 사우스웨스트는 절반 수준인 13달러에 승객을 태워 날랐습니다. 이 금액은 당시의 고속버스 요금과 비슷한 수준이었습니다.

항공요금을 반값으로 유지하기 위해서는 엄청난 비용절감이 필요했기에 켈러허는 갖가지 아이디어를 짜냈습니다. 우선 고객을 목적지까지 안전하게 태워 나르는 일과 상관없는 서비스는 모두 없애버렸습니다. 그 대표적인 것이 바로 기내식이었습니다. 그동안 항공사는

원가 절감의 대상이 된 기내식 서비스

비싼 요금을 받는 대가로 승객들에게 기내식을 제공했지만, 반값 요금을 받는 저가 항공사는 기내식을 제공할 수 없었습니다.

기내식은 식당에서 사 먹는 일반 음식과 달리 여러 가지 위생관리 과정을 거치다 보니 단가가 매우 비쌉니다. 켈러허는 값비싼 기내식 대신 땅콩이나 건포도 같은 간식을 제공하면서 원가를 절감하려 했습니다. 또 물이나 탄산음료 이외의 모든 먹거리는 돈을 받았고, 심지어 그 흔한 신문이나 잡지조차 비행기에 두지 않았습니다.

사우스웨스트는 최소한의 서비스를 제공하면서도 폭발적인 성장을 거두었습니다. 이에 기존 대형 항공사들이 경계심을 갖고 악의적인 중상모략에 나섰습니다. 그들은 대대적인 광고를 통해 사우스웨스트를 미국의 하류층만이 이용하는 별 볼 일 없는 회사로 매도했습니다. 이는 승객이 사우스웨스트 항공기를 타는 것 자체를 수치스러운 일로 여기도록 치밀한 의도에서 꾸민 것입니다.

켈러허는 대형 항공사들의 공격에 순순히 무릎을 꿇지 않았습니다. 오히려 기존 항공사들이 터무니없이 비싼 요금으로 승객들의 호주머니를 털어먹는 악덕 기업이라는 광고를 내보내 역공에 나서면서 큰 효과를 거두었습니다. 사실 사우스웨스트가 취항하고 있는 노선은 비행시간이 1시간 남짓한 단거리 노선이었기 때문에 승객들은 굳이 비싼 요금을 낼 이유가 없었습니다.

계속되는 경영혁신

사우스웨스트는 업계 최초의 저가 항공사로서 고객들에게는 저렴한 가격에 항공서비스를, 직원들에게는 업계 최고 수준의 대우를 해 주었습니다. 매출액이 적은 상황에서 직원들에게 최상의 대우를 해 주기 위해서는 획기적인 비용절감이 필요했습니다. 켈러허는 항공기 운항 시 발생하는 원가구조를 철저히 분석하기 시작했습니다. 이때 그의 눈에 가장 먼저 들어온 것은 비행대기 시간이었습니다.

사우스웨스트 항공기는 평균적으로 60분 정도의 비행을 마친 후 지상에서 청소와 정비 등으로 45분의 비행대기 시간을 보내고, 다시 60분짜리 비행에 나섰습니다. 이로 인해 하루 평균 운항횟수는 10회 정도에 불과했습니다. 켈러허는 비행대기 시간을 15분 안팎으로 줄이면 항공기 운항을 최대 14회로 늘릴 수 있다는 사실에 주목해 필사적으로 비행대기 시간 줄이기에 나섰습니다. 이를 위해 비행기가 착

류할 때마다 전 직원이 모두 나서서 일손을 보태야 했습니다. 승무원들은 수화물 운반을 도왔고, 조종사도 기내 청소를 거들었습니다.

또 항공 정비 시간을 줄이기 위해 사우스웨스트는

사우스웨스트를 창업한 허브 켈러허

보잉737 한 기종만을 운행했습니다. 정비사들은 같은 기종의 항공기만을 다루었기 때문에 빠른 시간 내에 정비를 마칠 수 있었습니다. 모든 직원의 노력 덕분에 대기시간을 15분으로 줄일 수 있었던 사우스웨스트 항공기는 다른 항공사의 항공기보다 더 많이 하늘을 누볐습니다.

1973년부터는 아예 좌석 구분 없이 모든 좌석의 요금을 13달러로 통일했습니다. 보통 비행기 좌석은 가장 비싼 1등석부터 최저가격인 3등석까지 세 종류로 구분됩니다. 그런데 사우스웨스트는 모든 좌석을 3등석으로 개조한 후 선착순으로 원하는 좌석에 앉도록 했습니다. 지정좌석제가 아닌 선착순으로 자리를 배정하자 승객들은 좋은 자리에 앉기 위해 재빨리 비행기에 오르려 했습니다. 그 덕분에 비행대기 시간을 크게 줄일 수 있었습니다.

켈러허는 비용절감을 위한 두 번째 방법으로 도시 중심의 허브공항*이 아닌 외곽에 떨어진 작은 공항에 항공기를 취항했습니다. 기존 항공사는 허브공항까지만 승객을 태워 날랐기 때문에 승객들은 목적지까지 다시 한번 비행기를 타야 했습니다. 그런데 허브공항은 중소 공항에 비해 사용료가 매우 비싸 사우스웨스트 같은 저가 항공사에는 큰 부담이 되었습니다. 켈러허는 공항사용료 부담을 줄이려고 일부러 중소 규모의 공항에 자사 항공기를 취항하는 결단을 내렸습니다.

---

* 각 지역에서 항공로가 모여드는 중심 공항. 거점 공항이라고도 한다.

사우스웨스트 항공기가 미국 대부분의 작은 도시까지 들어가자, 사람들은 고속버스처럼 비행기를 편리하게 이용할 수 있게 되었습니다. 이로 인해 사우스웨스트는 고속버스나 철도 승객을 대거 흡수하며 비약적인 성장을 했습니다. 사우스웨스트의 등장은 호사스러운 항공 여행의 이미지를 버스처럼 편하게 이용할 수 있는 대중적 이미지로 바꿔놓는 역할을 했습니다.

직원이 왕인 회사

자본주의가 발달한 미국에서는 주주가 회사의 왕이나 다름없습니다. 주주의 이익을 위해 기업 경영자는 회사의 이윤을 최대로 늘리고

사우스웨스트 직원들

자 합니다. 회사 이윤이 늘어야 주주에게 배당을 할 수 있고 주가가 오르기 때문입니다. 많은 경우 회사는 이익 증대를 위해 직원들의 월급을 줄이거나 경영악화를 이유로 해고하는 등 손쉬운 방법을 택합니다. 경영자들에게 주주 다음으로 소중한 존재는 바로 고객입니다. 고객이 있어야 돈을 벌 수 있기 때문에 고객을 왕으로 떠받드는 회사도 많습니다.

주주나 고객이 왕인 미국 사회에서 사우스웨스트는 직원을 왕으로 떠받드는 회사로 유명합니다. 켈러허는 공개적으로 "사우스웨스트에서는 직원이 가장 소중하고 그다음이 고객이며, 주주에게는 별다른 신경을 쓰지 않는다."라고 말했습니다. 그는 실제로 직원들을 내부 고객이라 부르며 최대한 존중해 주려고 노력했습니다.

1974년, 켈러허는 항공사로는 처음으로 우리사주제도*를 도입해 직원들에게 발행주식의 13%를 나눠 주었습니다. 또 항공 운수업계에서 최고 수준의 임금을 제공했습니다. 켈러허는 어떤 경우라도 직원들에게 화내거나 무시하는 법이 없었습니다. 신입사원이 입사하면 노래를 한 곡 불러주어 편안하게 일할 수 있도록 도왔습니다. 사우스웨스트에서는 지위고하 관계없이 누구나 의견을 제시할 수 있었고 그는 직원의 소리에 귀를 기울였습니다. 그는 새벽 3시에 도넛을 잔뜩 사들고 기내 청소부를 찾아가 이야기를 나누었습니다. 사우스웨

---

* 회사가 자사 근로자에게 특별한 편의를 제공하여 자기 회사 주식을 보유하게 하는 제도.

스트 직원뿐 아니라 가족도 언제든지 회사 항공기를 이용할 수 있었으며, 휴가철에는 호텔과 렌터카를 제공받았습니다.

켈러허가 고객보다 직원을 소중히 생각하는 것을 보여주는 일화가 있습니다. 어느 날 여성 승객 하나가 끊임없이 불만을 토로하면서 직원들을 괴롭혔습니다. 고객의 괴롭힘을 참지 못한 직원들은 켈러허에게 해결책을 찾아 달라고 부탁했습니다. 대부분의 항공사 경영자들은 '고객이 왕이다.'라는 생각을 갖고 있어 직원과 승객 사이에 문제가 발생하면 직원을 탓합니다. 그러나 켈러허는 곧바로 문제의 여성 고객에게 더는 사우스웨스트를 이용하지 말 것을 요구하는 편지를 써서 보냈습니다.

또 켈러허는 직원들에게도 불량고객은 손님으로서 자격이 없으니 쫓아내라고 말했습니다. 그가 직원을 감싸는 이유는 직원들의 고충을 잘 알기 때문입니다. 항공업은 전형적인 서비스업으로서 직원들은 다양한 고객을 상대해야 합니다. 좋은 고객이 대부분이지만 비인간적인 고객도 많아서 직원들에게는 스트레스가 쌓일 수밖에 없습니다. 켈러허는 직원들이 육체노동보다 더 힘든 감정노동에 시달린다는 사실을 잘 알고 있었기 때문에 그들의 편이 되어 주려고 했습니다.

2001년 9·11테러가 발생하자 모든 항공사가 직원을 대량해고하며 위기를 벗어나려고 했습니다. 테러 사건이 발생한 지 얼마 되지 않아 항공업계 종사자 중 무려 12만 명 이상이 일자리를 잃어버리는 역사상 최악의 실직 상태가 발생했습니다. 미국 사람들이 추가 테러를 우려해 항공 여행을 꺼렸기 때문입니다.

승객이 순식간에 30% 이상 줄어들면서 사우스웨스트도 경영위기를 맞을 수밖에 없었습니다. 직원들이 실직할지도 모른다는 공포에 떨고 있을 때 켈러허는 단 한 명의 직원도 해고하지 않겠다고 선언했습니다. 그는 직원들의 월급을 주기 위해 창사 이래 처음으로 은행에서 10억 달러 넘는 자금 대출을 받았습니다. 이에 크게 감동받은 직원들은 임금 일부를 자발적으로 반납하며 경영난 해소에 일조했습니다. 켈러허가 직원을 내부 고객이라 부르며 가족처럼 대해준 만큼 직원들 역시 애사심이 강했습니다.

모두가 즐거운 웃음 경영

켈러허는 직원을 뽑을 때 여느 대기업과 달리 학벌이나 경력을 중시하지 않았습니다. 대신 긍정적인 가치관과 남을 기꺼이 도와주려는 따뜻한 마음 그리고 유머감각이 있는 직원들을 뽑았습니다. 특히 유머감각을 중시했는데, 유머감각이 있는 사람이 창의적이고 업무처리 능력이 뛰어나다고 생각했기 때문입니다.

켈러허 자신이 누구보다도 유머감각이 뛰어난 사람이었습니다. 그는 평소에도 미국의 전설적인 로큰롤rock'n'roll 가수 엘비스 프레슬리

장난스러운 모습으로
광고에 등장한 켈러허

앨비스 프레슬리
복장을 한 켈러허

Elvis Presley*가 입었던 특이한 복장을 하고 회사에 나타나 직원들과 승객을 즐겁게 해주었습니다. 또 구인광고 문안을 직접 만들기도 했는데, 거기에는 '즐겁게 일하고 싶은가요? 그러면 누구나 존중과 배려를 받고 약간의 반항도 허용되는 곳, 바지는 입어도 되고 안 입어도 되는 사우스웨스트로 오세요.'라고 쓰여 있었습니다.

켈러허가 유머감각이 출중한 사람들 위주로 직원을 뽑자, 다른 회사에 비해 사우스웨스트에는 재미난 사람이 월등히 많아졌습니다.

---

* 음악가 겸 배우로 로큰롤의 대중화를 이끌었으며 팝, 컨트리, 가스펠 음악의 발전에도 기여했다.

유머감각 넘치는 직원들이 승객들을 기분 좋게 만들면서 승객들에게 사우스웨스트 항공기를 타는 것은 신나는 경험이 되었습니다.

어느 날 사우스웨스트 항공기가 연착되면서 비행기를 기다리던 고객들이 스트레스를 받기 시작했습니다. 이때 직원 하나가 승객들의 불만을 해소해줄 한 가지 재미있는 아이디어를 냈습니다. 직원은 마이크를 잡고 "출발 지연으로 불편을 끼쳐서 죄송합니다. 지금부터 사과하는 의미로 보물찾기를 하겠습니다. 이 공항 안에는 동그라미가 그려진 1달러짜리 지폐 세 장이 숨겨져 있습니다. 보물을 찾아오는 고객에게는 200달러의 상금과 공짜 비행기 표 한 장을 드리겠습니다. 자, 지금부터 시작합니다."라는 안내방송을 내보냈습니다. 고객들은 공항 구석구석을 뒤지며 보물찾기 게임을 즐겼고, 덕분에 지루하지 않게 시간을 보낼 수 있었습니다.

1991년 사우스웨스트는 '현명한 여행을 즐겨라.'라는 뜻의 'Just Plane Smart'라는 광고 문구로 주목을 받으며 톡톡한 홍보 효과를 누렸습니다. 그런데 알고 보니 이 광고 문구는 지방의 소규모 항공사인 스티븐슨Stephenson에서 이미 오래전부터 사용하고 있었습니다. 이 회사 경영자인 컬트 허왈드Kurt Herwald 사장은 사우스웨스트가 무단으로 자사의 광고 문구를 사용하고 있는 사실을 알고 소송을 준비했습니다.

허왈드 사장은 소송을 통해 광고 문구 사용금지와 손해배상을 받

팔씨름 경기를 하는 켈러허

아 내고자 했습니다. 이를 알게 된 켈러허는 고민에 빠지지 않을 수 없었습니다. 그동안 쌓아온 사우스웨스트의 좋은 이미지가 한순간에 무너질 수 있었기 때문입니다. 켈러허는 스티븐슨 항공사 사장에게 전화를 걸어 "소송으로 분쟁을 해결할 것이 아니라 팔씨름으로 문제를 해결하자."라고 독특한 제안을 했습니다. 팔씨름에서 이기는 승자가 광고 문구를 차지하자는 제안에 나이도 훨씬 젊고 만능 스포츠맨이었던 허왈드는 마다할 이유가 없었습니다.

허왈드가 켈러허의 제안을 흔쾌히 받아들이면서 얼마 후 팔씨름 대회가 열리게 되었습니다. 대회가 열리는 텍사스주 댈러스의 레슬링 경기장은 양쪽 회사 직원들뿐 아니라 기자들까지 모여들면서 마치 유명 스타의 콘서트장을 방불케 했습니다. 장내 아나운서의 사회에 따라 인파로 가득한 경기장에 켈러허와 허왈드가 차례로 입장해 광고 문구 소유권을 둘러싼 한판 승부를 겨루게 되었습니다. 두 사람은 승리를 위해 체육관에서 힘을 키워 온 만큼 이번 경기에 각별한 마음가짐으로 임했습니다.

경기가 시작되자 젊고 건강한 허왈드가 켈러허를 누르며 승리를 거두었습니다. 켈러허는 경기에서 패하자 더는 'Just Plane Smart'라는 광고 문구를 사용하지 않겠다고 선언하며 깨끗이 결과에 승복했습니다. 그러자 허왈드는 얼굴에 미소를 띠며 'Just Plane Smart'라는 광고 문구를 함께 사용하자는 제안을 했습니다. 두 사람은 관객들 앞에서 손을 잡고 하늘을 향해 힘껏 치켜올리며 모두가 승자임을 알렸습니다.

그 자리에서 켈러허는 변호사 비용으로 사용하려고 했던 돈을 불우한 사람들을 위해 기부하겠다고 선언하며 경기장을 훈훈하게 만들었습니다. 이날 이들의 팔씨름 경기는 방송을 타고 미국 전역에 중계되었는데, 사람들은 유쾌한 방식으로 분쟁을 해결하는 이들의 모습에 큰 감동을 받았습니다. 그 덕분에 두 회사는 광고비 한 푼 들이지 않고도 엄청난 광고효과를 볼 수 있었습니다. 팔씨름 대회 이후 사우스웨스트의 인지도가 크게 높아지면서 주가가 세 배 이상 폭등하는 현상이 벌어지기도 했습니다.

행복한 보스의 날

미국은 출발부터 개인주의 문화가 자리 잡은 나라이기 때문에 회사가 직원을 돌봐주는 경우는 거의 없습니다. 회사는 매년 연봉협상을 통해 필요하면 재계약하고 필요 없으면 거절해 버리면 그만입니다. 인정이 없기는 직원도 별반 다르지 않습니다. 회사에 멀쩡히 근무하다가도 다른 회사에서 좀 더 나은 조건을 제시하면 미련 없이 다니던 회사를 떠납니다. 이런 일이 미국에 만연하다 보니 회사와 직원 간에는 연대의식이 거의 없고 서로 간의 계약조건만 중요합니다. 이처럼 각박하기 그지없는 미국 사회에서 켈러허는 직원을 진심으로 사랑하는 매우 예외적인 경영자였습니다.

1994년 10월 16일 경영자의 날에, 켈러허의 책상 위에 한 장의 신문이 놓여 있었습니다. 그 신문은 미국 최대 일간지 'USA Today'로 신문 전면에는 커다란 광고가 실렸습니다. 광고를 낸 사람은 사우스웨

직원들에게서 할리데이비슨 오토바이를 선물받은 켈러허

스트의 모든 직원이었습니다. 그들은 6만 달러나 되는 광고비를 기꺼이 부담하면서 그동안 허브 켈러허가 직원들에게 보여주었던 사랑과 믿음에 감사를 표했습니다. 신문에는 이런 문구가 쓰여 있었습니다.

> 감사합니다, 허브
>
> 우리 직원들 이름을 모두 기억해 주신 것에
>
> 추수감사절 날 수화물 적재를 손수 도와주신 것에
>
> 모든 사람에게 키스를 해주신 것에
>
> 우리의 말을 들어주신 것에
>
> 유일하게 흑자를 내는 항공사를 경영해 주신 것에
>
> 우리의 휴일 파티에서 노래 불러주신 것에
>
> 직장에서 반바지와 운동화를 신게 해주신 것에
>
> 회장이 아니라 친구가 되어 주신 것에.
>
> _ 행복한 보스의 날에 16,000명 직원 일동

고객만족도 1위 항공사

사람을 중시하는 사우스웨스트는 이윤 극대화를 최고 목적으로 하는 여느 항공사보다 큰 성공을 거두었습니다. 1971년 단 1대의 비행기를 빌려 창업한 이후 비약적인 성장을 거듭하여, 2008년 켈러허가 경영 일선에서 물러날 때에는 527대나 되는 비행기를 보유한 회사로 성장했습니다. 직원 수만 3만 명 넘는 대기업이 되었습니다. 주식시장에서도 가치를 높게 평가받고 있어서 사우스웨스트 시가총액은 미국 내 모든 대형 항공사 주가를 합친 것보다 더 높을 정도였습니다.

사우스웨스트의 노조 가입률은 80%를 넘지만 최근 수십 년간 제대로 된 파업 한번 일어나지 않을 정도로 직원들은 일체감을 지니고 서로 협력하는 분위기를 만들고 있습니다. 또 1973년 이후 사우스웨스트는 한 번도 적자를 낸 적이 없을 정도로 튼튼한 회사입니다. 9·11 테러가 일어난 2001년에도 잠깐 자금난을 겪기는 했지만, 적자를 내지는 않았습니다.

9·11 테러 여파로 모든 미국 항공사가 노선 폐지와 운항 축소를 할 때도 켈러허는 승객에게 불편을 주지 않기 위해 기존 노선을 그대로 유지했습니다. 오히려 다른 항공사들이 적자가 발생해 포기한 노선에 새로 취항하면서 비즈니스 영역을 넓히는 계기로 활용했습니다. 사우스웨스트는 승객을 저버리지 않고 계속해서 편리한 항공 서비스를 제공하면서 고객들의 무한한 신뢰를 받았습니다. 그 결과

Herb Kelleher

March 12,1931- January 3, 2019

Honoring Our Founder & Friend

세상을 떠난 켈러허를 기리는 사우스웨스트 홈페이지

9·11 테러 이후 고객만족도 1위 항공사로 인정받으면서 미국인들의 사랑을 듬뿍 받고 있습니다.

기자들이 성공한 비결을 묻자 켈러허는 "우리 회사는 기내식도 잡지도 제공하지 않습니다. 승객은 무시당한다고 생각할 수도 있습니다. 그래서 저는 고객들을 재미있게 해 주는 일에 최선을 다해 달라고 직원들에게 부탁했습니다. 그렇게 함으로써 돈을 들이지 않고 고객의 만족도를 높일 수 있기 때문입니다. 저 역시 직원을 즐겁게 하려고 노력했습니다. 내부 고객인 직원이 행복해지면 외부 고객인 승객을 즐겁게 합니다. 사우스웨스트가 고객을 즐겁게 할 수 있다면 성공은 저절로 따라옵니다. 두려움이 아닌 사랑으로 결속된 회사가 더 튼튼한 회사입니다."라고 대답했습니다. 이처럼 켈러허는 직원을 행복하게 만들려는 노력을 통해 고객까지 행복하게 만들었습니다.

사우스웨스트는 미국 사람들에게 저가 항공사로만 기억되고 있는 것이 아니라 좋은 서비스를 제공하는 회사로 남아 있습니다. 일반적으로 가격이 싸지면 그만큼 불편이 따르는데 사우스웨스트는 저렴한 가격과 편리성이라는 두 마리 토끼를 한꺼번에 잡았습니다. 이로 인해 회사가 폭발적 성장을 할 수 있었습니다. 이를 두고 사람들은 '사우스웨스트 효과'라 불렀으며, 사우스웨스트를 모방해 유럽, 아시아 등 세계 곳곳에 저가 항공사가 생겨났습니다. 켈러허가 저가항공 시대를 열면서 항공은 더 이상 부유한 사람들의 전유물이 아니라 누구나 이용할 수 있는 대중적인 교통수단이 되었습니다.

2008년 켈러허는 고령을 이유로 경영 일선에서 완전히 물러났지만, 그가 미국 사회에서 처음으로 시도한 인간중시 경영은 많은 사람들의 입에 오르내리며 잔잔한 감동과 교훈을 주고 있습니다.

하늘로 떠난
허브 켈러허

2019년, 켈러허는 88세를 일기로 세상을 떠났다. 켈러허가 별세하자 미국 언론이 앞다투어 그가 남긴 발자취를 보도했을 정도로 그는 유명 인사였다. 켈러허의 죽음을 가장 슬퍼한 사람들은 사우스웨스트 직원들이었다. 직원들은 회사 홈페이지에 켈러허의 사진과 함께 애도의 글을 올려 하늘로 떠난 창업주를 아쉬워했다.

그도 그럴 것이 허브 켈러허는 재직 시절 수많은 사원들의 이름과 개인의 특성을 모두 기억했을 정도로 직원 사랑이 남달랐다. 사무실에 앉아 있기보다는 현장에 나가는 것을 좋아했고 직원을 만나면 항상 먼저 손을 내밀며 악수를 청했다. 사우스웨스트 고위 경영진은 켈러허와 만나기가 쉽지 않자 "당신에게는 우리보다 직원들이 더 중요하나 봅니다."라고 불만을 드러냈다. 그러자 켈러허는 조금의 망설임도 없이 "그렇습니다. 나에게는 현장에서 고객을 상대로 열심히 일하는 직원이 누구보다 소중합니다."라고 응수했다.

사우스웨스트 항공이 등장한 이후 이를 모방해 수많은 저가 항공사가 등장했지만, 어떤 저가 항공사도 사우스웨스트를 능가할 수는 없었다. 사우스웨스트의 진정한 경쟁력은 저렴한 항공요금이 아니라 직원들의 남다른 애사심이었다. '싼 게 비지떡'이라는 말이 있듯이 값이 싼 물건이나 서비스를 사는 손님들은 좋은 대접을 받기가 어렵다. 그러나 사우스웨스트 직원들은 진심 어린 최상의 서비스를 제공했고 이를 고객들이 알아주었다.

게다가 사우스웨스트에는 여느 항공업체가 줄 수 없는 즐거움도 있었다. 비행기를 타면 대개의 경우 기장이나 승무원들이 방송으로 화장실에서의 흡연금지를 경고한다. 그런데 사우스웨스트 기장은 마이크를 잡고 "저희 사우스웨스트 항공은 흡연이 가능합니다. 담배를 피울 분은 밖으로 나가 날개 위에 앉아 마음껏 피우시면 됩니다. 흡연 중 감상하실 영화는 '바람과 함께 사라지다' 입니다."라고 재치 있게 말을 한다. 목적지에 안전하게 착륙하면 기장은 "오늘도 사우스웨스트를 이용해 주셔서 감사합니다. 저희는 여러분을 사랑합니다. 그리고 여러분의 돈도 사랑합니다."라고 말하며 마지막 순간까지 승객들을 즐겁게 하고자 한다.

이처럼 사우스웨스트 직원들은 승객에게 친절할 뿐만 아니라 유머까지 있는데 이것이야말로 다른 업체들은 쉽사리 따라 할 수 없는 사우스웨스트만의 경쟁력이다. 켈러허는 후임자에게 "직원들이 겁먹게 해서는 안 됩니다. 서로 간에 사랑으로 뭉쳐질 때 최강의 기업이 될 수 있습니다."라는 충고를 잊지 않았을 정도로 사우스웨스트가 계속해서 인간미 넘치는 회사로 남기를 바랐다. 켈러허가 은퇴한 후에도 사우스웨스트는 성장을 거듭해 2019년 그가 세상을 떠날 무렵에는 5만 8천 명의 직원과 4,000여 곳의 취항지를 갖는 세계적인 항공사로 발돋움했다.

Warren Buffett

투자의 귀재

워런 버핏

미국식 자본주의를 발전시킨 특별한 부자 (1930~)
우량회사를 발굴하고 장기투자를 통해 수익을 극대화시켰다. 50년 동안
평균 25%의 수익률을 올린 그는 돈에 구속되지 않아 '오마하의 현인'이
라 는 별칭을 얻었다. 재산을 자식에게 상속하지 않겠다고 선언하고 부
자 증세에 앞장서는 등 소득 양극화 문제에 앞장서는 이 시대의 의인으
로 여겨진다.

돈에 관심이 많았던 아이

워런 버핏Warren Buffett이 어머니의 배 속에 있을 때인 1929년, 인류 역사상 최악의 경제 대공황이 시작되었습니다. 그가 태어났을 때는 경제 대공황의 여파로 미국 경제가 최악의 국면을 향해 치닫고 있었습니다. 주식 중개인이었던 그의 아버지 하워드 호먼 버핏Howard Homan Buffett 역시 경제 대공황의 여파를 넘지 못해 생계를 위협 받으며 불안한 나날을 보내야 했습니다. 버핏 가문에 휘몰아 닥친 경제적 위기는

경제 대공황으로 붕괴된
미국 금융업계

어린 시절의 워런 버핏

가족들을 힘들게 하는 동시에 세상살이가 호락호락하지 않다는 교훈을 남겼습니다.

아들이 여섯 살 되던 해, 워런 버핏의 아버지는 생일 선물로 20달러가 들어 있는 통장을 주면서 재주껏 돈을 불릴 것을 권했습니다. 요즘도 여섯 살짜리에게 20달러는 적지 않은 돈이지만 당시에는 아이들이 다루기에 아주 큰 돈이었습니다. 그렇다고 해서 그의 아버지가 자녀에게 돈을 함부로 주는 사람은 아니었습니다. 자녀들에게 용돈을 주기에 앞서 돈의 소중함을 일깨워 주기 위해 금액에 상응하는 일을 시켰습니다. 워런 버핏은 아버지로부터 몇십 센트의 돈을 받기 위해 온갖 일을 하며 남보다 일찍 돈의 소중함을 깨달았습니다.

여섯 살의 워런 버핏은 통장 속의 돈을 불리기 위해 고민하다가 콜라를 팔기로 했습니다. 콜라를 박스째 사면 낱개로 사는 것보다 조금 싸다는 점을 이용해, 박스째 사서 가방에 넣고 동네를 돌아다니며 장사했습니다. 그는 콜라를 모두 팔아 약간의 이익을 얻었습니다.

장사에 자신감을 얻은 워런 버핏은 좀 더 많은 돈을 벌기 위해 머리를 쓰기 시작했습니다. 콜라 이외에 사람들이 좋아하는 음료수가 무엇인지 알기 위해 쓰레기통을 뒤지는 열정을 기울인 끝에 어린 나이에 적지 않은 돈을 손에 쥐었습니다. 그의 아버지는 아들의 장사수

완이 남다르다는 것을 알아 보고서 좀 더 많은 경험을 할 수 있도록 주식시세표의 주가를 일일이 기록하는 아르바이트를 시켰습니다. 매일같이 종목별로 주식시세를 정리하면서 워런 버핏은 주식에 대해 호기심을 갖게 되었습니다.

골드만삭스 최고경영자와의 만남

열 살 무렵 워런 버핏은 아버지에게 세계 금융의 중심지인 뉴욕의 월스트리트를 구경시켜 달라고 요청했습니다. 아들의 부탁을 들어주기로 한 아버지는 월스트리트 방문을 의미 있는 기회로 만들기 위해 한 가지 이벤트를 마련했습니다. 세계적인 투자은행 골드만삭스Goldman Sachs의 전설적인 최고경영자 시드니 와인버그Sidney Weinberg와 아들이 만날 수 있도록 다방면으로 노력한 것입니다. 그 덕분에 워런 버핏은 30분 동안 금융계의 거목을 직접 마주 대하는 기회를 얻었습니다. 당시 시드니 와인버그는 영민해 보이는 어린 워런 버핏과 눈을 맞추며 이런저런 이야기를 나누었습니다. 그는 워런 버핏에게 나중에 훌륭한 금융 전문가가 될 수 있을 것이라는 칭찬을 아끼지 않았습니다.

훗날 워런 버핏은 당시를 회고하면서 "와인버그 최고경영자는 그다음 날 나와의 만남을 잊었겠지만 나는 그 순간을 영원히 잊지 못할 것이다."라고 말했을 정도로 그때의 만남을 또렷이 기억하고 있었습니다. 이처럼 자식을 성공시키기 위한 아버지의 남다른 노력이 있었기 때문에 워런 버핏은 6살 때 받았던 20달러 남짓한 돈을 70년 후에는 무려 700억 달러로 불릴 수 있었습니다.

영리한 신문 배달부

월스트리트 방문 경험은 워런 버핏에게 큰 자극이 되었습니다. 이후 그는 본격적으로 주식투자에 관해 연구하기 시작했습니다. 이를 위해 방대한 분량의 독서를 마다하지 않았습니다. 도서관을 찾아가 주식뿐 아니라 돈과 관련된 서적을 모두 읽으며, 이해가 되지 않는 것은 아버지에게 물어서라도 반드시 알고 넘어갔습니다.

워런 버핏은 책으로도 모자라 경제신문을 탐독하며 돈의 흐름을 연구했고 열한 살 때부터는 실전 투자에 나서 주식을 사고팔기 시작했습니다. 그때 처음으로 산 주식이 3달러 오르자 팔아 치웠는데, 훗날 165달러가 추가로 오르면서 주식투자에는 인내가 필요하다는 것을 알게 되었습니다.

워런 버핏의 나이 13세 때 아버지가 연방 하원의원에 당선되어 가족들은 연방의회가 있는 수도 워싱턴 D.C.로 이주했습니다. 태어나서 처음으로 낯선 곳에서 살게 된 워런 버핏은 새로운 환경에 적응하지 못해 애를 먹었습니다. 그는 분위기도 익히고 돈도 벌기 위해 신문 배달을 하려고 했지만, 아들이 새로운 곳에서 열심히 공부하기를 바랐던 아버지는 탐탁지 않게 여겼습니다.

그러나 워런 버핏이 신문 배달에 대한 의지를 굽히지 않자, 아버지는 좋은 성적 유지를 조건으로 일을 허락했습니다. 워런 버핏은 꼭두 새벽에 일어나 동네를 돌아다니며 열심히 신문을 배달했습니다. 그러면서 같은 시간 동안 되도록 많은 신문을 돌릴 방법을 고안했습니다. 자신의 배달 구역을 철저히 분석해 가장 빨리 신문을 배달할 수 있는 지름길을 찾아내고, 멀리서 힘껏 던지더라도 흩날리지 않도록 신문도 독특한 방식으로 접었습니다.

얼마 후 워런 버핏은 워싱턴 D.C.에서 일하는 모든 신문 배달원 중 단위 시간당 가장 많은 신문을 배달하게 되었고, 능력을 인정받아 가장 넓은 구역을 할당받았습니다. 그는 신문 배달 일로 번 돈을 주식에 투자하면서 돈을 불려 나가, 고등학교를 졸업할 무렵에는 1만 달러 넘는 큰돈을 모았습니다.

돈 버는 재미에 맛을 들인 워런 버핏은 대학 진학을 시간낭비로 생각해 사업가가 되기로 했습니다. 평소의 독서 습관 덕분에 누구보다도 아는 것이 많다는 자기 확신이 있었습니다. 하지만 아버지가 강력히 반대하고 나섰습니다. 아버지는 워런 버핏이 가진 재능을 살리기 위해서는 대학에 진학해 전문적인 교육을 받는 것이 필요하다고 생각했습니다.

평소 그의 아버지는 자녀에게 관심이 많았지만, 독립심을

워런 버핏의 아버지 하워드 버핏

길러주기 위해 웬만한 일에는 간섭하지 않았습니다. 하지만 돈 버는 재미에 빠진 아들이 근시안적으로 세상을 바라보자 더 넓은 지적 경험을 위해 대학에 진학해야 한다고 설득했습니다. 워런 버핏은 명문 펜실베이니아 경영대학인 와튼스쿨Wharton School에 진학해 공부하게 되었습니다.

위대한 스승 벤저민 그레이엄

자신감이 지나쳤던 워런 버핏은 미국 최고의 경영대학인 와튼 스쿨도 하찮게 여겨 중도에 학업을 포기하고 고향 오마하Omaha로 돌아갔습니다. 아버지는 또다시 학업을 계속하도록 설득에 나섰습니다. 이번에도 아버지에게 진 그는 집에서 멀리 떨어지지 않은 네브래스카Nebraska 대학교에 편입해 학업을 마쳤습니다.

뒤늦게 학문의 필요성을 깨달은 워런 버핏은 대학원에 진학해 좀 더 공부하기로 마음먹고 하버드 경영대학원에 지원했습니다. 그러나

네브래스카 대학교

입학사정관은 다른 응시생보다 두 살이나 많은 워런 버핏에게 기회를 주지 않았습니다. 그는 대학 졸업 후 최고의 주식 투자자가 될 것이라고 호언장담했지만 입학사정관은 허풍이라고 판단할 뿐이었습니다. 면접관들은 나중에 다시 한 번 지원해 보라며 그를 낙방시켰습니다.

자존심이 상한 워런 버핏은 하버드 대학원 진학을 포기하고 컬럼비아 경영대학원에 지원서를 넣었습니다. 그런데 이미 지원 기간이 지난 상태였기 때문에 규정대로라면 컬럼비아 대학원에 진학할 수 없는 상황이었습니다. 그렇지만 워런 버핏이 작성한 독창적인 자기소개서를 본 경영대학원 부학장 데이비드 도드David Dodd 교수는 그의 잠재력을 간파하고 규정을 어기면서까지 그를 받아들였습니다. 오랫동안 학생들을 지도해 경험이 많았던 노교수 눈에 워런 버핏은 범상치 않아 보였습니다.

워런 버핏은 데이비드 도드 교수의 배려로 면접시험도 보지 않은 채 컬럼비아 대학원에 진학해, 그곳에서 일생의 스승인 벤저민 그레이엄Benjamin Graham 교수를 만나게 되었습니다. 벤저민 그레이엄이 컬럼비아 대학의 학생이었을 때, 학교에서는 그의 탁월함을 알아 보고는 졸업 후 교수로 남아

벤저민 그레이엄 교수

주기를 원했습니다. 하지만 그는 금융 중심지인 월스트리트로 진출했습니다.

1956년 은퇴할 때까지 40년 이상 월스트리트에서 증권투자 업무를 맡으며 업계의 전설로 남은 벤저민 그레이엄은 은퇴하자마자 모교인 컬럼비아 경영대학원의 초빙을 받아 학생들에게 실무를 가르쳤습니다. 이후 학생들에게 증권 강의를 하며 명교수로 이름을 떨쳤습니다.

그때까지 미국 사람들에게는 짧은 시간에 주식을 사고파는 단기 투자방식이 대세였습니다. 주식 투자자들은 단기 매매를 통해 수익을 올리려고 했을 뿐, 세계 경제의 전반적인 흐름이나 관심 있는 기업을 치밀하게 연구해 장기적으로 시간을 두고 투자하는 방식에 대해서는 생각하지 못하고 있었습니다.

그레이엄 교수는 워런 버핏에게 세계 경제의 흐름을 통찰할 수 있는 능력과 성장 가능성 있는 유망한 회사를 발굴하는 안목을 길러주었습니다. 그 덕분에 워런 버핏은 우량회사를 발굴하고 장기투자를 통해 수익을 극대화하는 방법을 깨칠 수 있게 되었습니다.

홀로서기

컬럼비아 경영대학원을 졸업한 후 고향으로 돌아온 워런 버핏은 개인 투자자로 주식 세계에 첫발을 내디뎠습니다. 20대 중반의 젊은 나이로 낙향할 당시 그는 수잔 톰슨_{Susan Thompson}이라는 여성과 결혼한 상태였지만, 그의 아버지는 소득이 거의 없는 아들을 경제적으로 돕지 않았습니다.

워런 버핏은 하루빨리 자리를 잡기 위해 누구보다도 열심히 살았습니다. 고향에서 투자조합을 만들어 여러 사람의 돈을 모아 주식투자를 했습니다. 그는 탁월한 통찰력을 지녔던 만큼 처음부터 괜찮은 투자 수익률을 올렸습니다. 아내와 맨 처음 마련한 신혼집은 쥐가 들끓는 월세 65달러짜리 집이었지만 오래지 않아 3만 달러 정도의 중산층 단독주택으로 이사 갔습니다. 1963년, 워런 버핏의 아버지는 암으로 세상을 떠나면서 전 재산 56만 달러를 병원과 대학에 기부해 죽는 날까지 아들에게 대가 없는 돈을 주지 않았습니다. 대신 돈으로 바꿀 수 없는 개인적인 소장품만을 유산으로 남겨 주었습니다.

워런 버핏은 아버지의 경제적인 도움 없이도 주식투자를 계속해서 재산을 불려 나갔습니다. 1965년 그는 섬유회사 버크셔해서웨이_{Berkshire Hathaway Inc.}를 인수해 주식투자를 위한 지주회사로 만들고 더욱 공격적인 투자에 나섰습니다. 워런 버핏은 탁월한 혜안을 바탕으로 장래성이 있지만 저평가된 주식들을 기가 막히게 발굴했습니다. 또

주가 대폭락 사태를 맞은 '검은 월요일'의 미국 증시

세계 경제의 흐름을 정확히 파악할 수 있는 능력이 있었기에 남들이 손을 뗄 때도 과감히 주식을 사들였습니다. 1970년대 두 차례 오일 쇼크가 발생했을 때, 투자자들은 겁에 질려 주식을 팔아 치웠지만 워런 버핏은 헐값으로 주식을 사들여 큰돈을 벌었습니다.

1987년 10월 19일 뉴욕 증시가 갑작스레 대폭락하며 수많은 주식 투자자가 피눈물을 흘린 '검은 월요일' 사건이 발생했습니다. 경제 전문가 누구도 대폭락 사태를 예측하지 못했지만, 이를 정확히 예견했던 워런 버핏은 가지고 있던 주식 대부분을 미리 처분해 위기를 면했습니다. 오히려 주가 폭락을 매수의 적기로 삼아 막대한 시세차익을 올렸습니다.

1990년대 말 미국에 정보통신산업 열풍이 불면서 소프트웨어와 인터넷 등 관련 주식의 가격이 폭등했습니다. 주식 투자자 대부분이 정보통신 관련 주식을 무작정 사들일 때 워런 버핏은 거들떠보지도 않았습니다. 장기투자를 중시하는 워런 버핏에게 정보통신 관련 주식의 미래는 너무 불확실했기 때문입니다. 그의 판단대로 당시 신생 정보통신 기업에는 가치에 비해 지나치게 높은 가격이 매겨져 심하게 거품이 낀 상태였습니다. 투자자들은 광기 어린 매수를 멈췄고, 그 결과 2000년대 초반부터 거품이 꺼지며 정보통신 관련 주식은 대폭락을 거듭했습니다. 이에 수많은 사람들이 막대한 투자손실을 입었습니다.

워런 버핏이 선호하는 회사는 소프트웨어나 게임, 인터넷 등 탄생과 소멸이 빠른 회사가 아니라, 코카콜라나 면도기 회사인 질레트Gillette처럼 더디 성장하더라도 절대로 망하지 않을 회사입니다. 코카콜라와 면도기는 인구가 늘어나면 소비가 늘어나는 상품입니다. 인구가 늘어나는 현실에 비추어 볼 때, 이들 회사는 단기간에 크게 성장하지는 못하지만, 장기적으로 지속적인 성장이 가능한 회사입니다.

오마하의 현자

주식투자의 귀재 워런 버핏은 50년 동안 평균 25%의 수익률을 올리는 경이적인 기록을 자랑했습니다. 역사상 수많은 주식 투자자들 중 워런 버핏처럼 오랫동안 높은 수익률을 올린 사람은 한 사람도 없었습니다. 그는 주식 투자계의 황제였지만 금융 중심지 월스트리트와는 거리를 두고 살았습니다. 번잡한 도시 대신 한적한 고향 오마하

세계 금융의 중심지 월스트리트

에서 미래 경제의 흐름을 연구하면서 주식투자에 관한 결정을 내렸습니다.

워런 버핏은 증권가에서 만든 보고서에는 손도 대지 않고 경제를 비롯한 다양한 분야의 책을 읽으며 미래의 변화를 감지합니다. 그는 주식투자에 관한 조언을 요구하는 사람들에게 "일단 주식을 사면 주가에 대해 너무 민감하게 반응하지 말아야 합니다. 주가가 예상한 방향에서 조금만 벗어나도 처분하고 싶은 마음이 생기기 때문입니다. 가격이 절반으로 떨어지더라도 담담할 수 있는 용기가 없다면 아예 주식시장에 얼씬도 하면 안 됩니다."라고 충고를 합니다.

워런 버핏은 큰돈을 벌었지만, 초심을 잃지 않는 검소한 삶을 살기에 사람들의 존경을 받고 있습니다. 고향으로 돌아와 처음으로 구입

워런 버핏 자택

손수 운전하는
워런 버핏

한 집에 수십 년째 살고 있으며, 오래된 중고차를 손수 운전하고 다닙니다.

한번은 가짜 권총을 든 강도가 워런 버핏의 자택에 침입했는데, 집 안에 값나가는 물건이 하나도 없어 그냥 빈손으로 나간 적이 있습니다. 강도는 세계적인 부잣집에 가면 온갖 값진 보석이 넘쳐날 줄 알았지만, 워런 버핏은 사치와는 거리가 먼 사람이었습니다. 이후 주

햄버거로 간단히 식사하는 워런 버핏

변 사람들이 감시카메라 설치를 권유했지만 감시카메라를 설치하는 것은 이웃을 믿지 못한다는 의미이기 때문에 지인들의 충고를 거절하고 담장조차 설치하지 않았습니다.

강도 침입 사건을 계기로 워런 버핏의 검소한 생활이 화제가 되었습니다. 그는 갑부들의 취미로 각광을 받는 예술작품 수집에 관심이 없으며, 좋은 옷과 맛있는 음식에 돈을 낭비하지 않습니다. 지난 수십 년 동안 인근의 햄버거 가게를 다니며 식사를 해결해 왔고 이발소도 서민들이 다니는 저렴한 곳을 애용합니다. 돈을 버는 데는 탁월한 안목이 있지만 돈에 구속되지 않는 워런 버핏을 두고 사람들은 '오마하의 현자'라고 합니다.

버핏과의 점심 식사

워런 버핏은 세계에서 가장 유명한 사람 중 하나이지만 사람들과

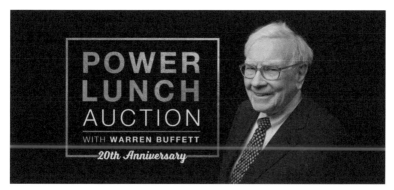

접촉하는 것을 그리 좋아하지 않습니다. 아주 특별한 경우에만 사람들을 만날 뿐 대부분 시간을 일하거나 사색하면서 보냅니다. 그의 아내 수잔 톰슨도 늘 검소한 생활을 하며 장애인이나 미혼모, 노숙자 등 사회적 약자를 돕는 활동을 하는 사람입니다. 2000년의 어느날, 수잔 톰슨은 남편에게 한 가지 재미있는 제안을 했습니다.

인터넷 경매를 통해 '버핏과의 점심 식사권'을 판매해서 그 수익금을 자신이 일하는 자선단체에 기부해 달라고 부탁한 것입니다. 워런 버핏은 사람을 만나는 것을 좋아하지 않았지만, 아내의 부탁을 거절할 수 없어 '점심 식사권'이라는 상품을 인터넷 경매 사이트에 올렸습니다. 돈만 내면 세계적인 유명 인사인 워런 버핏과 점심을 함께할 수 있다는 사실이 언론과 인터넷을 통해 퍼지자 많은 사람이 경매에 참여했습니다.

'버핏과의 점심 식사권'은 2000년에 이루어진 첫 경매에서 2만 5천 달러에 낙찰되었습니다. 워런 버핏은 낙찰금액 전부를 글라이드

워런 버핏과의 점심 식사

_{Glide}라는 자선재단에 기부했습니다. 이후로도 일 년에 한 번씩 '점심 식사권'을 경매에 부쳐 수익금 전액을 기부했습니다. '버핏과의 점심 식사권'은 시간이 갈수록 인기가 높아져 무려 345만 달러를 선뜻 내는 사람도 생겨났습니다.

최고가를 써내 점심 식사권을 낙찰받은 사람은 워런 버핏의 오랜 단골집인 '스미스 앤 월런스키'라는 미국식 레스토랑에서 스테이크 요리를 함께 먹습니다. 대략 3시간을 함께하는 동안 낙찰자는 다음 번에 어떤 주식에 투자할 것인지를 제외한 모든 질문을 자유롭게 할 수 있습니다. 워런 버핏과 식사를 함께한 사람은 하나같이 그의 경제, 정치, 철학 등 다방면에 걸친 해박한 지식과 탁월한 통찰력에 큰 감명을 받습니다.

2010년과 2011년에는 두 해 연속 업계에서 거의 알려지지 않은 무명의 펀드매니저 테드 웨슐러_{Ted Weschler}가 무려 600만 달러를 투자해 워런 버핏을 만났습니다. 그는 워런 버핏과 만났다는 사실만으로도 미국 내에서 하루아침에 유명 인사가 되었습니다. 워런 버핏은 테드 웨슐러가 자신처럼 장기투자를 선호하고 검소한 삶을 중시한다는 점에 매료되어 그를 자신의 회사로 영입했습니다.

워런 버핏과의 점심 식사에는 인종, 국적, 종교, 정치적 신념 등과 상관없이 누구나 도전할 수 있습니다. 점심 식사권을 팔아 수천만 달러의 기부금을 마련한 일은 워런 버핏이 적극적인 기부를 하는 출발점이 되었습니다.

위대한 기부자

워런 버핏과 빌 게이츠는 나이 차이가 무려 25년에 이르지만, 두 사람은 세상에 둘도 없는 친구이자 동지입니다. 빌 게이츠는 소프트웨어 회사인 마이크로소프트를 설립하고 컴퓨터용 운영체제를 만들어 오랫동안 세계 최고 부자에 오른 인물입니다.

워런 버핏과 빌 게이츠

2006년, 빌 게이츠는 50세를 갓 넘긴 나이에 은퇴를 선언해 세상을 깜짝 놀라게 했습니다. 게다가 일생 벌어들인 재산 대부분을 사회에 환원하는 데 여생을 바치겠다고 선언하며 아내 멜린다Melinda와 함께 '빌 앤 멜린다 게이츠 재단'을 설립해 열심히 활동했습니다. 워런 버핏은 빌 게이츠의 아름다운 선행에 감동받아 그와 뜻을 함께하기로 했습니다.

2010년, 두 사람은 '더기빙플레지The Giving Pledge 운동'을 함께 펼치면서 부자들의 기부문화에 새로운 이정표를 만들었습니다. 더기빙플레지란 '기부 약속'이라는 뜻으로서 살아있을 때 전 재산의 절반을 기부하며 죽을 때는 전 재산의 90% 이상을 사회로 환원하겠다는 약속입니다.

워런 버핏과 빌 게이츠는 전 재산의 99%를 사회로 환원하겠다고 선언하며 전 세계 억만장자들에게 재산의 사회 환원 운동에 동참하기를 호소했습니다. 예상외로 10억 달러 이상의 재산을 가진 부자들이 더기빙플레지 운동에 큰 관심을 보여 순식간에 160명 넘는 갑부가 부의 사회 환원을 약속했습니다. 이들이 약정한 금액은 무려 6,000억 달러가 넘는 엄청난 금액입니다. 이 운동에 참여한 갑부 중 가장 나이가 많은 사람은 당시 95세 된 록펠러 가문의 수장 데이비드 록펠러David Rockefeller였고, 최연소 참여자는 당시 26세였던 미국 소프트웨어 회사 페이스북의 공동설립자인 더스틴 모스코비치Dustin Moskovitz였습니다.

특이한 점은 기부를 약속한 부호들의 대부분은 부모로부터 재산을 물려받은 사람이 아니라 본인의 노력으로 재산을 모은 자수성가형

더기빙플레지에 참여한 게이츠 부부(위)와 버핏(아래)

인물이라는 사실입니다. 재산 형성 과정에서 별다른 노력 없이 부모로부터 상속받은 갑부는 자신을 위해서는 돈을 물 쓰듯 하지만 남을 돕는 일에는 매우 인색한 경향이 있습니다. 더기빙플레지 회원이 된 부호들은 그들의 기부 약속이 법적인 의무가 아니라 도덕적인 의무임에도 불구하고 성실히 약속을 이행해 가진 자로서 의무를 참되게 수행하고 있습니다.

보통 기부 운동에 참여하는 대다수의 부호들은 본인 소유의 자선 단체를 만들어 자신 뜻대로 기부금을 쓰고자 하지만 워런 버핏은 예외였습니다. 그는 재산의 대부분을 게이츠 부부가 운영하는 '빌 앤 멜린다 게이츠 재단'에 기부해 신선한 충격을 주었습니다. 많은 사람들이 그에게 게이츠 재단에 돈을 몰아준 이유를 묻자 "빌 게이츠가 나보다 기부금을 더 잘 쓸 것 같아서였다."라고 대답했습니다. 워런 버핏이 평생 모은 재산 대부분을 기부함으로써 게이츠 재단은 단번에 세계 최대 규모의 자선재단이 되었습니다.

평소 워런 버핏은 '내가 번 돈이라고 해서 모두 내 것은 아니다. 사회로부터 온 것은 사회로 돌려주어야 한다.'라는 생각으로 부자들이 더 좋은 세상을 만들기 위해 적극적으로 기부활동에 동참할 것을 호소했습니다. 그의 노력은 대부호뿐만 아니라 재산이 많지 않은 사람들의 마음 속에도 기부에 대한 긍정적인 생각이 자리 잡도록 했습니다.

상속하지 않는 아버지

워런 버핏이 등장하기 전까지 버핏 가문은 케네디 가문이나 록펠러 가문 만큼은 아니어도 나름대로 소신 있는 좋은 집안이었습니다. 버핏 가문에는 '자녀들에게 재산을 상속하지 않는다.'는 원칙이 있었습니다. 대개 부모는 자식이 좀 더 안락한 생활을 누릴 수 있도록 가능하면 많은 재산을 남기려고 노력합니다. 그렇지만 아무리 많은 재산을 물려줘도 자식들이 현명하지 않으면 재산을 지킬 수 없습니다.

또 물질적인 풍요가 자녀들의 근로 의욕마저 꺾어 버리면 허랑방탕한 생활을 하다가 전 재산을 허비하기 쉽습니다.

워런 버핏은 자녀들을 키우면서 그들이 물질적 풍요로 인한 부작용을 겪지 않도록 세심한 배려를 기울였습니다. 단 한 번도 자녀들에게 재산이 얼마인지를 알려주지 않았고, 주식 이야기는 절대로 꺼내지 않았습니다.

미국 사회는 공립학교와 사립학교 간 교육의 질 차이가 매우 크기 때문에 대부분의 상류층들은 자녀를 유서 깊은 사립학교에 보냅니다. 그러나 워런 버핏은 집 근처에 있는 보통의 공립학교에 자녀들을 보내서 평범한 미국인으로 성장하도록 했습니다. 자식들은 버스를 타고 통학했고 값비싼 물건은 가질 수 없었습니다.

게다가 워런 버핏은 자녀들이 어느 정도 성장했을 때, 부모에 의존하는 대신 자신만의 삶을 찾기를 요구했습니다. 그는 평소 필요 이상의 돈을 물려주는 것은 축복이 아닌 재앙이라는 확신이 있어서 성인이 된 자녀들에게 경제적 지원을 하지 않았습니다. 이에 따라 자녀들은 성인이 되자 대학 진학과 동시에 부모를 떠나 독립적인 생활을 했습니다.

워런 버핏의 세 자녀는 각자의 재능에 맞는 일을 찾았는데, 어린 시절부터 음악적 감수성이 풍부했던 둘째 아들 피터Peter 는 작곡자 겸 가수로 나서서 사람들의 관심을 끌었습니다. 1989년, 스물한 살의 피

워런 버핏의 **둘째** 아들인 피터 버핏

터는 위스콘신주 동부에 있는 밀워키_{Milwaukee}로 이주하기 위해 아버지에게 처음으로 약간의 돈을 빌려 달라고 부탁했습니다. 그러자 워런 버핏은 곧바로 "아버지는 내가 성인이 된 후 경제적 지원을 하지 않았기 때문에 나는 남보다 더 열심히 일해야 했고, 이는 결과적으로 성공의 기반이 되었다."라고 말하며 아들의 요구를 거절했습니다.

이처럼 매몰차게 아들의 부탁을 거절한 것은 워런 버핏이 자식을 진정으로 사랑했기 때문입니다. 한번 경제적으로 의지하기 시작하면 점점 나약해져 계속적인 도움을 기대하기 때문에 아예 자녀들의 부탁을 들어주지 않기로 마음먹은 것입니다.

아버지가 도와주지 않자 피터는 은행을 찾아 대출을 받아서 이주 비용을 해결했습니다. 이후 피터는 작곡자로서 영화음악 분야에서 큰 성공을 거두었습니다. 그는 언론과의 인터뷰에서 '아버지는 내가 성인이 된 후 경제적 지원을 하지 않았기 때문에 나는 남보다 더 열심히 일해야 했고, 이는 결과적으로 성공의 기반이 되었다'라고 말하며 아버지의 선택에 대한 존경심을 표했습니다.

부자 증세 운동

1918년 제1차 세계대전이 끝나자 세계 각국은 전쟁 피해 복구를 위해 전력을 기울였고, 시간이 지나자 전쟁이 일어나기 이전의 산업 생산력을 회복할 수 있게 되었습니다. 제1차 세계대전 기간에 전쟁의 직접적인 피해를 보지 않았던 미국은 유럽 국가들의 병참기지* 역할을 하면서 산업생산량을 폭발적으로 늘릴 수 있었습니다.

하지만 전쟁이 끝나고 유럽 국가들이 빠른 속도로 산업생산력을 회복하자 미국 기업이 만든 물건은 더이상 팔리지 않게 되었고 부족한 수요로 인해 미국발 경제 대공황이 시작되었습니다.

1929년 미국에서 시작된 경제 대공황이 전 세계를 휩쓸면서 일자리를 잃고 거리를 방황하거나 굶어 죽는 사람들이 생겨나자 국가의 역할이 막중해졌습니다. 선진국, 특히 유럽 각국은 복지정책을 강화하여 이에 대처했습니다. 유럽 각국이 경제 대공황을 극복하기 위해 복지정책을 강화한 데는 이유가 있었습니다. 경제 대공황이 수요가 부족한 데서 비롯되었기 때문입니다. 즉, 복지정책으로 수요를 늘려서 경제 대공황을 극복하려고 했던 것입니다.

유럽 국가들은 복지제도의 확충으로 경제 위기를 극복해 나갔지만, 미국은 한동안 제대로 된 대책을 내놓지 못했습니다. 미국인들은

---

* 병력과 물자를 관리·보급하는 일에 쓰는 근거지.

정부가 깊이 개입하는 복지제도를 부정적으로 생각했습니다. 과거 영국의 식민지였던 미국은 영국 정부의 과중한 세금징수에 저항해 독립혁명을 일으킨 역사가 있습니다. 그래서 복지제도를 통해 중산층을 늘려서 경기부양을 할 수 있다는 사실을 알면서도 부정적인 시각을 보인 것입니다. 정부의 간섭을 혐오하는 개인주의도 복지정책에 걸림돌이 되었습니다.

경제 상황이 크게 악화되고 나서야 비로소 미국 사람들의 생각이 바뀌게 되었습니다. 1933년, 평소 복지제도의 필요성을 역설하던 민주당 후보 프랭클린 루스벨트가 제32대 대통령에 당선되면서 미국은 건국 이후 처음으로 복지국가의 길을 걸었습니다. 그는 주로 부자들로부터 복지정책 시행에 필요한 막대한 예산을 거둬들였습니다. 또한 소득세율을 최대 94%로 인상해서 이전에는 상상할 수 없을 정도로 많은 세금을 그들에게 부과했습니다. 이 돈을 재원으로 강력한 복지정책을 펼친 프랭클린 루스벨트는 심각한 수준에 이르렀던 소득 양극화 현상을 크게 줄였습니다.

그러나 감세정책을 공약으로 내세운 공화당 후보 로널드 레이건이 미국 제40대 대통령으로 당선된 후 최고 소득세율은 28%로 크게 낮아져서 소득격차가 다시 벌어지기 시작했습니다. 레이건에 이어 제41대 대통령을 지낸 조지 H.W.부시 역시 부자 감세를 추진했습니다.

2001년 임기를 시작한 공화당 출신의 제43대 대통령 조지W. 부시 George W. Bush 는 부자를 위한 감세정책을 펼치면서도 중산층 이하 미국인들의 반감을 염려해 감세정책이라는 용어를 사용하지 않았습니다. 대신 '세금구제tax relief'라는 단어를 사용하여 마치 세금이 주는 고통에서 모든 국민을 구제해 줄 것만 같은 느낌을 주었습니다. 미국 언론들도 감세정책 대신 세금구제라는 말을 사용했기 때문에 사람들은 이 용어의 정확한 의미조차 파악하지 못했습니다. 이로 인해 부시의 세금구제 정책은 전 국민으로부터 지지를 받았습니다.

하지만 여느 감세정책과 마찬가지로 세금구제의 혜택은 대부분 부유층에게 돌아가고 서민들의 삶은 이전보다 팍팍해져 갔습니다. 대대적인 감세로 세금 수입 부족 사태가 발생하자 부시 행정부는 교육에 대한 투자와 청년을 위한 일자리 지원 정책부터 축소했습니다. 그 결과 장차 미국을 짊어지고 나가야 할 미래 세대들이 큰 피해를 입게 되었습니다.

이처럼 공화당 정권의 부유층 위주 세금정책으로 인해 중산층이 몰락하면서 서민층이 큰 폭으로 늘어나자, 대부호 워런 버핏이 행동에 나섰습니다. 2011년 8월, 그는 미국의 유력 일간지 뉴욕타임스에 '미국 정부는 슈퍼리치super-rich 감싸기 정책을 중단하라.'라는 제목의 특별기고문을 실어 잘못된 정부 정책을 비판하며 부자들을 대상으로 증세할 것을 강력히 요구했습니다.

워런 버핏은 기고문에서 세계적 부자인 자신의 소득세율이 17.4%인 반면, 자신의 사무실에서 근무하는 평범한 직원들의 평균 세율은 36%에 이른다고 밝혔습니다. 정의로운 사회를 만들기 위해서는 부

오바마 대통령에게 부자 증세의 필요성을 역설하는 워런 버핏

자들에게 적용되는 세율이 적어도 중산층보다는 높아야 하며, 연소득이 100만 달러 넘는 고소득층에게는 최소 30% 이상의 소득세율을 적용해야 한다고 주장했습니다.

영향력 있는 워런 버핏이 부자 증세를 주장함에 따라 민주당 출신 버락 오바마 대통령은 기다렸다는 듯 부자 증세를 위한 법안 마련에 나섰습니다. 중산층 출신이자 서민들의 삶에 큰 관심이 있었던 그는 2009년 취임 이후 줄곧 잘못된 세금정책을 바로잡기 위해 노력했지만, 부유층을 대변하는 공화당의 반대에 부딪혀 뜻을 이루지 못하고 있었습니다. 그런데 때마침 세계적인 부자인 워런 버핏이 부자 증세를 요구하는 운동을 벌이자 비로소 적극적인 행동에 나설 수 있게 되었습니다.

2011년 9월 오바마 대통령은 '부자증세법안'을 만들어 의회 승인을 요구했습니다. 그러나 공화당의 결사적인 반대로 무산되고 말았습니다. 이후에도 지속적으로 상위 1%의 부자를 대상으로 증세를 시도했지만 그때마다 공화당의 반대에 부딪혀 법안을 통과시킬 수 없었습니다. 이 같은 현실에 워런 버핏은 탄식했지만, 세상은 좀처럼 바뀌지 않았습니다.

워런 버핏이 바라는 세상

미국 경제는 오랫동안 탄탄한 중산층을 기반으로 성장해 왔습니다. 1971년 당시 중산층은 전체 가구의 61%를 차지했습니다. 그 후 줄곧 감소하다가 2015년에 49.9%까지 줄어서 마침내 50% 선이 붕괴되자 미국 사회 전체는 큰 충격을 받았습니다. 2000년대 이후 상위 1% 부자들의 재산은 오히려 큰 폭으로 증가했습니다. 이러한 소득 격차 현상은 미국 경제에 어두운 그림자를 드리우고 있습니다.

워런 버핏은 언론에 등장할 때마다 "자녀에게 재산을 물려주어 부를 잇는 것은 미국 정신이 아니다."라고 주장하며 부자들의 적극적인 기부를 요구합니다. 또 부자들에게 높은 세율을 매기면 부유층의 근로 의욕과 투자가 줄어들어 경기불황이 가속화될 것이라는 주장을 믿지 않습니다. 부자 증세를 반대하는 사람들의 논리대로라면 부유층의 최고 세율이 94%에 이르렀던 1940~50년대 미국 경제는 붕괴해야 했지만, 오히려 당시 미국은 역사상 최고의 전성기를 누렸기 때문입니다.

당시 미국 정부는 부유층에게서 거둬들인 세금으로 중산층을 강화하기 위한 다양한 복지정책을 추진했습니다. 그 덕분에 큰 폭으로 늘어난 중산층이 적극적으로 소비에 나서면서 미국 경제는 놀라운 호황을 누렸습니다. 정부는 거두어들인 돈을 헛되이 쓰지 않고 교육이나 일자리 창출 등 생산적인 부문에 투자했습니다. 그 결과 양질의 교육을 받은 고급 인력이 대폭 늘어나 미국 경제의 수준이 한층 높아질 수 있었습니다.

반면에 2008년 당시 미국은 경제 대공황 이후 최악의 금융위기를 맞아 국가 부도 사태에 몰리기도 했습니다. 그때는 21세기 들어 가장 적극적으로 감세정책을 펼쳤던 조지W. 부시 대통령의 집권 말기였습니다. 워런 버핏은 부자들의 기부만으로는 심각한 사회 문제를 일으키는 소득 양극화 문제를 해결하지 못 한다고 말합니다. 정치권이 적극적으로 나서서 사회구조를 개혁해야 한다고 주장합니다. 그러나 부유층 편에 선 정치인을 설득하는 일은 돈을 버는 일보다도 어렵다고 합니다.

워런 버핏은 "지금까지 미국이 위대한 국가로 추앙받았던 것은 누구나 동일한 출발선상에 설 수 있고, 노력만 하면 얼마든지 성공할 수 있는 사회적 여건이 형성되어 있었기 때문이다."라고 말하며 미국이 계속해서 많은 사람에게 공정한 기회를 줄 수 있는 멋진 나라로 남기를 원합니다. 그는 부단한 노력으로 자수성가한 대표적인 인물이자 공평한 세상을 추구하는 의로운 사람으로서 미국식 자본주의를 발전시킨 특별한 부자입니다.

★

워런 버핏의
일상에서 얻는 행복

보통 사람들은 부자가 되기 위해 열심히 일하다가도 막상 돈을 벌면 느슨해지기 쉽다. 평생 동안 쓰고도 남을 돈을 벌었다면 예전만큼 노력하지 않아도 문제 될 것이 없기 때문이다. 2019년 버핏은 아마존의 제프 베조스, 마이크로소프트의 빌 게이츠에 이어 세계 3위의 부자 자리를 지켰다. 그의 재산은 880억 달러, 우리나라 돈으로 환산하면 100조 원을 넘어서는 수준이다. 그러나 버핏은 셀 수 없을 정도로 많은 돈을 가졌지만 젊은 시절과 다름없는 일상을 통해 마음의 평안을 유지한다.

버핏은 "나는 일관적인 삶을 살기 위해 노력한다."라는 말을 즐겨 한다. 그의 일상을 보면 이 말이 사실임을 알 수 있다. 1958년에 구입한 고향집에서 60년 넘게 살고 있는 버핏은 "여러 채의 대저택을 갖고 있다고 행복해지지 않는다. 일정 수준에 이르면 그 이상 소유하는 것은 인생에서 큰 의미가 없다."라고 말하며 소유에 큰 의미를 두지 않는다. 그는 매일 일찍 일어나 간단한 운동과 독서를 하고 출근길에 맥도날드에 들러 모닝세트로 아침 식사를 해결한다.

버핏은 1965년에 인수한 버크셔해서웨이Berkshire Hathaway Inc. 사무실을 그대로 사용하고 있다. 직원 수도 그때와 같고 자신의 책상 위에 컴퓨터조차 올려 두지 않았다. 회사의 홈페이지도 세련되지 못하고 홍보팀은 아예 없다. 사무실에는 1929년 대공황의 처참한 실상을 보도한 뉴욕타임스 신문의 복사본이 걸려 있다. 주식투자는 언제라도 낭패를 볼 수 있는 위험한 일이기 때문에 경각심을 잃지 않으려고 노력한다. 그는 애플의 3대 주주 자리를 차지했지만 정작 최신 아이폰은커녕 인터넷도 제대로 되지 않는 구닥다리 폴더폰을 사용하고 있다.

버핏은 하루에 2,700칼로리를 섭취하는데 그가 섭취하는 칼로리의 4분의 1은 콜라에서 얻는다. 수십 년간 주변 사람들의 만류에도 불구하고 하루에 콜라 5캔을 꼭 마신다. 버핏이 매일 먹고 마시는 맥도날드와 코카콜라는 일반인들 사이에 건강에 나쁘다는 인식이 강하지만 개의치 않는다. 몸에 나쁘다는 콜라와 햄버거를 평생 먹고도 90세에 이르기까지 건강하게 살고 있기 때문이다.

미국인 3명 중 1명은 현금을 전혀 사용하지 않을 정도로 카드 사용이 일상화되어 있는 요즘에도 버핏은 현금 사용을 고집한다. 지갑에는 항상 400달러를 넣고 다닌다. 그는 "카드를 사용할 경우 눈앞에서 돈이 나가는 것을 볼 수 없기 때문에 낭비하기가 십상이다. 현금 사용은 조금 불편하지만 돈을 아낄 수 있어 좋다."라고 말한다. 버핏은 미국을 대표하는 카드회사인 아메리칸 익스프레스 카드의 대주주이지만 특별한 경우가 아니면 카드를 사용하지 않는다.

버핏에게 가장 중요한 일상은 하루 6시간 이상의 책읽기이다. 이제는 나이가 들어 눈이 침침해져서 글을 읽기 힘들지만 통찰력을 유지하기 위해 하루도 빠지지 않고 책을 읽는다. 또한 판단력과 순발력을 유지하기 위해 복잡한 퍼즐게임을 즐긴다. 이와 같이 버핏은 반복적인 일상을 통해 평정심을 유지하는데, 이는 냉혹한 주식투자의 세계에서 성공하는 비결이기도 하다.

세계를 통찰하는 지식과 교양 〈**세계통찰**〉 **시리즈**

미국

세계통찰 미국 ③

미국을 만든 사람들 3 - 미국 비즈니스계의 거물들
창의성과 도전 정신으로 무장한 미래의 개척자

2020년 1월 31일 1판 1쇄 발행

지은이	한솔교육연구모임
펴낸이	권미화
편집	최세라
디자인	김규림
마케팅	조민호
펴낸곳	솔과나무
출판등록	2018년 12월 20일 제2018
주소	서울시 마포구 독막로 266, 111-901
팩스	02-6442-8473
블로그	http://blog.naver.com/solandnamu
트위터	@solandnamu
메일	hsol0109@gmail.com

ISBN	979-11-967534-5-0 44300
	979-11-967534-0-5 (set)